Susann Winkler

Wie Du Dich bettest,

so liegst Du

Anleitung für ein unkompliziertes und genuss-volles Leben ohne Druck

Verlag und Druck:
tredition GmbH
Halenreie 40-44
22359 Hamburg

Bibliografische Information der Deutschen Nationalbibliothek:
Die Deutsche Nationalbibliothek verzeichnet diese Publikation in der Deutschen Nationalbibliografie; detaillierte bibliografische Daten sind im Internet über http://dnb.d-nb.de abrufbar.

Inhaltsverzeichnis:

Einleitung 7

Druck im Alltag... 11
   Das Leben – ein Entwicklungsweg 21
   Zu viel denken ist ungesund 27
   Entscheidungen von früh bis spät 34
   Ich mach mir die Welt, wie sie mir gefällt................... 42
   Ärgern verboten! 47
   Ihre Gesundheit hat oberste Priorität.......................... 51
   Ewige Jugend und Schönheit 58
   Glaubensfragen 65
   Keiner muss alles wissen und können.......................... 70

Druck im Berufsleben... 75
   Folgen Sie Ihren Leidenschaften 88
   Wo (viele) Menschen aufeinander treffen, menschelt es........... 98

Druck in der Freizeit... 111
   Freizeit – wirklich frei 115

Druck in Beziehungen, Familie 125
   Liebe und Sympathie kann man nicht erzwingen 137
   Kindererziehung – konsequent und nervenschonend.............. 142

Druck im Seniorenalter 153
   Sie haben es sich verdient... 158

Quellenverzeichnis 169

Einleitung

Zweifellos kennen wir alle Druck und Ärger im Alltag zur Genüge und machen in der Regel spontan andere dafür verantwortlich: unseren Chef oder unsere Kollegen, den Nachbarn, unsere Eltern, den Partner, die Politiker oder die Gesellschaft. Aber ist das wirklich die ganze Wahrheit? Wie viel des von uns empfundenen Drucks wird tatsächlich von außen an uns herangetragen und welchen Teil davon generieren wir selbst durch eigene Ansprüche, ehrgeizige Ziele und verinnerlichte Glaubenssätze, vielleicht aber auch durch eigene Trägheit oder Neid anderen gegenüber?

Wenn ich früher meiner Freundin Erika von Problemen vorgejammert habe, erhielt ich von ihr häufig die Antwort: „Tja, wie man sich bettet, so liegt man." Damals ärgerte mich dieser Kommentar und ich fühlte mich von Erika unverstanden, wollte ich doch von ihr einfach nur bestätigt bekommen, wie arm ich dran war und wie ungerecht mich das Leben behandelte. Dennoch hat mich dieser Spruch heimlich verfolgt und irgendwann begann ich, mir bei passenden Gelegenheiten selbst zuzuflüstern: „Wie du dich bettest, so liegst du eben." Das tue ich bis heute regelmäßig. Und während es mir anfangs schwerfiel einzusehen und zu akzeptieren, dass ich mir meine jeweilige Lebenssituation mit den entsprechenden Schwierigkeiten irgendwann selbst so gewählt und eingerichtet hatte, erkannte ich nach und nach auch die Chance, die in dieser Erkenntnis lag. Denn wenn ich mir meine Probleme selbst geschaffen hatte, lag es auch in meiner Hand, die Situation zu verändern und für mehr Zufriedenheit in meinem Leben zu sorgen.

Zudem fiel mir in Alltag und Beruf immer wieder auf, dass ich scheinbar längst nicht die Einzige war, die ihre Lage lieber beklagte und mehr oder weniger heldenhaft ertrug, statt etwas daran zu ändern. Also begann ich, mich intensiver mit dieser Frage zu beschäftigen, wobei immer mehr und neue Facetten des Themas auftauchten.

Gerne verbinden wir mit Klagen über unsere Lebensumstände ein Loblied auf die „gute, alte Zeit", in der das Leben vermeintlich wesentlich einfacher, unbeschwerter und sorgloser ablief. Auch dieser Annahme bin ich nachgegangen und habe im Rahmen der einzelnen Themenkomplexe einen kurzen Rückblick auf die vergangenen 100 bis 150 Jahre gegeben, mit zahlreichen biografischen Beispielen. Sie werden dabei feststellen, dass ein relativ großer Teil dieser historischen Lebensgeschichten aus Österreich stammt. Grund dafür ist die schlichte Tatsache, dass mir von dort ein größerer Fundus an autobiografischen Berichten zur Verfügung stand. Es war mir dabei besonders wichtig, repräsentative Lebensgeschichten von durchschnittlichen Mitgliedern des Volkes zu wählen und nicht von privilegierten Bürgern der Oberschicht. Ich denke, die gewählten Beispiele gewähren einen recht guten Einblick in die Arbeits- und Lebensbedingungen, die ein Großteil der Bevölkerung auf deutschsprachigem Raum in der damaligen Zeit vorfand. Sie können aber in dieser knappen Form keineswegs sämtliche Erscheinungsformen und Varianten abdecken.

Bevor ich Sie einlade, mich auf eine gedankliche Reise durch verschiedene bewegende Gebiete unseres Lebens zu begleiten, noch einige Anmerkungen zu Struktur und Schreibstil des Buches.

Die Themen der einzelnen Kapitel könnten häufig allein ein ganzes Buch füllen. Natürlich konnten sie von mir in diesem Rahmen längst nicht mit allen ihren Facetten behandelt werden, sondern lediglich im Hinblick auf die Fragestellungen des Buches.

Zugunsten eines angenehmen Flusses habe ich bei der Nennung von Personen und Personengruppen jeweils lediglich die männliche

Wortform verwendet. Selbstverständlich sind damit immer beide Geschlechter gemeint – es sei denn, es geht aus dem Kontext deutlich hervor, dass nur Männer oder Frauen betroffen sind.

Am Ende der einzelnen Kapitel gibt es neben „Tipps für jeden Tag" die Rubrik „Nachgedacht". Diese besteht aus Fragen zur eigenen Biografie, persönlichen Werten, Zielen und Beweggründen. Die dort gegebenen Anregungen können uns unter Umständen helfen, Klarheit über bestimmte Themen zu erlangen oder Veränderungsprozesse einzuleiten. Es geht hier nicht darum, jede Frage akribisch zu beantworten, sondern sich auf die Fragen zu konzentrieren, die Sie am meisten ansprechen und die für Sie momentan aktuell sind.

Nun wünsche ich Ihnen vergnügliche und hoffentlich auch einige erleuchtende Stunden mit diesem Buch.

Ihre
Susann Winkler

Druck im Alltag

Haben Sie auch das Gefühl, ständig Listen abarbeiten zu müssen, mit Dingen, die es zu erledigen gilt? Nach der Arbeit noch schnell zum Arzt, Lebensmittel einkaufen und danach in die Schule Ihres Sohnes zum Elternabend. Morgen früh dürfen Sie auf keinen Fall vergessen, den Klempner anzurufen, damit er die Waschmaschine repariert. In der Mittagspause haben Sie einen Termin bei der Bank und am Abend einen Töpferkurs an der Volkshochschule. Nächstes Wochenende fahren Sie nach Frankreich zur Geburtstagsfeier Ihrer Schwester, am Wochenende danach zu Ihren Eltern nach Berlin … Dieses Beispiel mag etwas überzogen sein, aber wir haben tatsächlich oft den Eindruck, dass unser Kopf geradezu überläuft von Dingen, die wir „unbedingt tun müssen". Sätze wie „Ich kann nicht mehr." oder „Ich schaffe es einfach nicht." hören und denken viele von uns regelmäßig.

Dabei führen die meisten Menschen in Mittel- und Westeuropa heute einen bequemeren Lebensstil als jemals zuvor in der Geschichte. Wir leben in der Regel in schönen, sauberen Häusern oder Wohnungen mit Zentralheizung, fließendem Kalt- und Warmwasser, eigenem Badezimmer, geregelter Müllabfuhr, Fernseher, Waschmaschine, Geschirrspüler und zahlreichen weiteren Extras. Wir fahren oder fliegen regelmäßig in den Urlaub, besitzen eines oder mehrere Autos, ernähren uns wie im Schlaraffenland und werden medizinisch gut versorgt.

So selbstverständlich uns diese Dinge heute erscheinen mögen, wären die meisten davon noch vor hundert Jahren als absoluter Luxus zu bezeichnen gewesen – wenn sie denn überhaupt schon existierten.

Die meisten Wohnräume waren damals ungeheizt, ein Toilettenhäuschen stand in der Regel hinter dem Haus, das Wasser wurde von einem Brunnen geholt, elektrische Geräte existierten nicht, die Räume wurden mit Kerzen oder Petroleumlampen spärlich erhellt. Oftmals schliefen mehrere Personen in einem Bett, wobei auch Küche, Keller, Ställe oder Scheunen als Schlafplatz genutzt wurden. So berichten die Nachkommen der Familie Huber folgendes von ihrer Kindheit in der Steiermark in den 1930er -1950er Jahren:

„Im Winter war es schon recht kalt. Sogar in der Kammer hat es oft weniger als null Grad gehabt. Unter unserem Bett ist das Nachttopferl gestanden und der Inhalt ist im Winter manchmal eingefroren. So kalt war´s!

Als kleine Kinder haben wir zu sechst in einem Bett geschlafen. Drei sind in die eine Richtung gelegen und die anderen drei mit dem Kopf in die andre Richtung. In der Nacht haben wir uns umgedreht und in der Früh sind wir alle ganz verkehrt gelegen. Wenn es kalt war, ist die Mutter immer aufgestanden und hat uns zurechtgelegt und wieder zugedeckt.

Bei uns im Haus waren die Fugen in den Wänden mit Moos abgedichtet. Wir Buben haben oft das Moos weggekratzt, damit wir hinausschauen haben können. Im Winter hat es da natürlich den Schnee hineingeweht und in der Früh ist in der Kammer dann Schnee gelegen ...

Auf der anderen Seite sind wir im Oktober noch bloßfüßig in die Schule gegangen. Einmal habe ich keine Schuhe gehabt, als es geschneit hat. Momentan hat es keine Schuhe für mich gegeben! Jetzt habe ich daheim bleiben müssen und dann bin ich halt nicht zur Schule gegangen. Nach zwei Tagen ist meine Lehrerin gekommen und hat mir Schuhe von sich gebracht ... " (1)

Wer nun meint, derart widrige Lebensbedingungen seien vielleicht eine Ausnahme in ländlichen Gebieten gewesen, befindet sich leider im Irrtum. Gerade in größeren Städten waren die Lebensbedingungen für einen Großteil der Bevölkerung bis zum Ende des 2. Weltkrieges katastrophal. Im Zuge der Industrialisierung hatte man für die wachsende Arbeiterschaft vielerorts sogenannte Mietskasernen errichtet, in denen die Menschenmassen auf engstem Raum zusammengepfercht wohnten. Werner Sombart schrieb 1906 in seiner Schrift „Das Proletariat":

„Ja, in den meisten deutschen Großstädten wohnt, wie ich schon sagte, die Hälfte, oder annähernd die Hälfte aller Menschen in Wohnungen, die nicht mehr als ein Zimmer umfassen...

Was nun aber das Wohnungselend der ärmeren Bevölkerung, wenigstens in den Großstädten, auf das Höchste steigert, ist der Umstand, daß selbst in den engen Behausungen, die nicht mehr den Namen Wohnung verdienen, noch nicht einmal immer die Familie allein lebt, sondern noch fremde Personen, die Schlafgänger, dazwischen kampieren." (2)

Da die in den Wohnungen vorhandenen Schlafstellen oft längst nicht für alle Bewohner ausreichten – selbst, wenn sie mit mehreren Personen belegt wurden – nutzten Familienmitglieder sowie Schlafgänger die Betten teilweise im Schichtbetrieb. Der Mietbeitrag der Schlafgänger stellte in der Not vieler Familien ein unverzichtbares Zubrot dar.

Aber die engen Wohnräume waren nicht nur Wohn- und Schlafzimmer für 6 und mehr Personen pro Raum, sie dienten in der Regel auch als Heimarbeitsstätte für die Mütter, die auf diese Weise mit Auftragsarbeiten (z. B. als Näherin, Wäscherin oder Plätterin) einen kargen Zuverdienst sicherten.

Es wurde also häufig in einem Zimmer gleichzeitig geschlafen, gekocht, Wäsche gewaschen, gebügelt und Heimarbeit verrichtet, im Hintergrund das unablässige Geschrei der meist zahlreichen

13

Kinderschar. Damit aber nicht genug. Aufgrund der engen Bebauung drangen zusätzlich Lärm und Ausdünstungen nahe gelegener Fabriken sowie sämtlicher Nachbarn fast ungefiltert in die eigenen Räume. Oftmals teilten sich 10 Familien und mehr (also ohne weiteres 60-120 Personen) ein Klosett, das nur in den seltensten Fällen regelmäßig gereinigt wurde. Entsprechend mussten sich die Bewohner meist in lange Schlangen einreihen, bevor sie endlich in dem verdreckten und zum Himmel stinkenden Etablissement ihre Notdurft verrichten konnten.

Diese ungesunden Lebensbedingungen, geprägt von Lärm, Enge sowie Mangel an Licht, frischer Luft, Privatsphäre und Hygiene waren regelrechte Brutstätten für Krankheiten wie Rheumatismus, Tuberkulose, Diphtherie oder Cholera. Todesfälle bei Kindern und Erwachsenen gehörten zum Alltag.

Familienbilder wie das hier beschriebene waren ganz und gar keine Seltenheit:

„In einem Kinderwagen liegt ein Kind von 4 Wochen, das an Tuberkulose erkrankt und mit einer alten Decke belegt ist, welche von Urin und Schweiß völlig durchnässt ist. Nach Angabe der Eltern schreit das Kind Tag und Nacht, die Geschwister fahren den Wagen, an Pflege fehlt es gänzlich, da der Mann an Rheumatismus erkrankt und arbeitsunfähig ist. Die Frau näht in der Küche Säcke, um Brot für die Kinder zu schaffen.“ (3)

In anderen westeuropäischen Städten, beispielsweise in London oder Manchester, waren die Lebensbedingungen oft noch prekärer.

An Eigentum wie Möbeln oder Bekleidung besaß man meist nur das allernötigste, häufig schon mehrfach gebraucht und repariert. Vor allem Kleider wurden nach Möglichkeit selbst hergestellt und ausgebessert. In ländlichen Gegenden baute man zu diesem Zweck teilweise Flachs an, der zu Garn und Stoff verarbeitet wurde. Ebenso hielt man gerne eigene Schafe, deren Wolle selbst gesponnen und zu Kleidungsstücken verstrickt wurde. Gerade Kinder bekamen in der Regel gebrauchte Kleider, die bei Bedarf abgeändert wurden. Frauen und Kinder verbrachten meist viel Zeit mit entsprechenden Handarbeiten wie Nähen, Flicken, Stricken, Sticken und Stopfen.

Auch am Schuhwerk wurde so weit wie möglich gespart. Kinder gingen im Sommer meist barfuß. Abgetragene Schuhe wurden häufig repariert oder bekamen neue Sohlen.

Die Bewohner ländlicher Gebiete waren in der damaligen Zeit weitestgehend Selbstversorger. Durch die Bewirtschaftung von Feldern, Gärten und Wäldern sowie durch Nutztierhaltung versuchte man, den eigenen Bedarf an Lebensmitteln und Brennholz möglichst vollständig abzudecken. Mit den meist sehr beschränkten finanziellen Mitteln musste man so gut wie möglich haushalten.

Die Eigenversorgung war entsprechend arbeitsintensiv: Nicht nur musste das Land bewirtschaftet und das Vieh versorgt werden, auch die Verarbeitung der Produkte sowie die Vorratshaltung kosteten viel Zeit und Mühe. Denken wir beispielsweise an die Herstellung von Butter, Quark und Käse aus Kuh- oder Ziegenmilch.

Da es noch keine Kühlschränke oder Gefriertruhen gab, wurde Fleisch zur Haltbarmachung vielfach geräuchert oder gepökelt, Gemüse eingelegt und Obst eingekocht.

Wer die Gelegenheit hatte, sammelte und nutzte wild wachsende Nahrungsmittel von Wald und Feld (Pilze, Beeren, Kräuter etc.) oder fing Fische aus Flüssen und Seen.

Da auf diese Weise nur eine gewisse Palette an Lebensmitteln zur Verfügung stand und haltbar gemacht werden konnte, war die Kost oft karg und einseitig. Nicht selten kamen auch verdorbene oder von Ungeziefer befallene Lebensmittel noch auf den Tisch. Für viele war Hunger ein ständiger Begleiter. So schreibt Josef Eger, Jahrgang 1927, aus dem österreichischen Burgenland:

„Hunger leiden mussten die meisten Kinder unserer Zeit. Wenn einer einen Apfel in der Schule aß, da standen immer zwei oder drei daneben. Der eine sagte: ‚Geh, laß mich einmal abbeißen!' – der andere gleich darauf: ‚Und mir gibst die Gradn!' Wenn einer eine Orange hatte – das kam aber selten vor, das konnten sich nur bessere Leute leisten –, da wurde schon um die Schale gestritten.

Ich hatte einen Schulfreund. Sein Vater war Grenzgendarm, das waren zu unserer Zeit schon bessere Leute. Da kam es vor, dass ich gerade zur Jausenzeit mit ihm beisammen war und seine Mutter auch mich zur Kaffeejause einlud. Das war für mich ein Festessen: gezuckerter Kaffee mit Butterbrot! Ich habe bei uns Butterbrot nie gekannt. Bei uns gab es nur Ziegenmilch, gesalzen oder ohne Salz, wie es jeder wollte, aber keinen Zucker. Jausenzeit gab es bei uns überhaupt nicht. Und wenn wir ein Brot bekamen, dann gab es weder Schmalz noch Butter.“ (4)

Solche authentischen Berichte führen uns besonders deutlich vor Augen, wie sehr sich unser Leben in den letzten hundert oder hundertfünfzig Jahren verändert hat und in welchem Luxus wir heute größtenteils leben.

Aber unser Leben ist nicht nur deutlich komfortabler geworden, wir haben auch zahlreiche persönliche Freiheiten dazugewonnen. Heute steht in unserem Land grundsätzlich allen Bürgern jede berufliche und gesellschaftliche Karriere offen – wenn man nur bereit ist, die entsprechenden Mühen auf sich zu nehmen.

Besonders einschneidend waren im letzten Jahrhundert die Veränderungen für Frauen. 1918 wurde das Frauenwahlrecht eingeführt und erst 1928 das Züchtigungsrecht des Ehegatten gegenüber seiner Gemahlin abgeschafft. Noch bis 1957 durften Frauen in der BRD nur mit Zustimmung ihres Ehemannes ein eigenes Konto eröffnen oder einer Erwerbstätigkeit nachgehen. Aus heutiger Sicht kaum vorstellbar.

Nicht zuletzt haben zahlreiche technische Errungenschaften (Haushaltsgeräte, Autos, Telefone, Handys etc.) unser Dasein maßgeblich beeinflusst, unser Leben bequemer gemacht, uns mehr Freiheiten und Möglichkeiten verschafft.

Wie mühsam und zeitintensiv beispielsweise einzelne Hausarbeiten noch zu Beginn des 20. Jahrhunderts waren, verdeutlicht die Beschreibung des Wäschewaschens von Maria Gremel:

„An allen Abflüssen und Dachrinnen wurden Eimer und Wannen aufgestellt und das darin aufgefangene Wasser wurde zum Geschirrabwaschen, Wäsche und so ziemlich alles im Haus verwendet, außer zum Essen und Trinken.

Das Waschen der Wäsche geschah ausschließlich mit Regenwasser, vorausgesetzt dass es regnete. Standen die Bottiche leer, wartete man mit dieser Arbeit, bis es wieder regnete. Es gab oft drei Monate keinen Waschtag. Zum Schwemmen lud man die Wäsche in Körben auf einen Wagen und fuhr damit zum Bach. Dort wurde die Wäsche mit einem Holzpracker auf einer Bank bearbeitet ...

Im Sommer war das ein großer Spaß. Jedoch im Winter, wenn der Bach dick zugefroren war, musste erst das Eis aufgehackt und angestaut werden, so daß vier Wäscherinnen in einem Schaff, welches mit Stroh aufgefüllt war, im Wasser stehen konnten. Zwei auf jeder Seite in der Mitte die Wäschebank.

Da herrschte manchesmal eine ungeheure Kälte, die alles er-schwerte, denn 28 bis 30 Grad unter null war das Übliche.

Es musste nebenbei geheizt werden, denn ohne Wärmewasser, woran man die Hände von Zeit zu Zeit tauchen konnte, wäre es nicht zum Durchhalten gewesen, drei bis vier Stunden lang.

Jedes Wäschestück musste bis zu dreimal geklopft und ge-schwemmt werden ...

Das Wäscheaufhängen auf dem Hausboden konnte auch nur mit Wärmewasser durchgestanden werden.

Da dies alles so beschwerlich war – manche Höfe mussten sehr weit zu einem Bach fahren – mußte nicht nur mit dem Wasser ge-spart werden, sondern auch mit der Wäsche. Öfter als einmal in der Woche durfte sie nicht gewechselt werden, die Knechte trugen sie oft noch viel länger.

Nicht selten fand man Läuse beim Waschen, Flöhe waren in jedem Bett zu finden. Bis zum Hals hinauf konnte man bei den Knechten die vielen Flohbisse sehen. Die Dienstboten schliefen im Winter im Stall und im Sommer in den Kellern, die bis zum Herbst leer waren." (5)

Heute erleichtern uns Waschmaschinen, Geschirrspüler, Staubsauger, elektrische Öfen, Kaffeemaschinen und, und, und die Arbeit. Warum also sind wir trotz all dieser Fortschritte und Zugewinne häufig unzu-frieden und klagen über zu wenig Zeit und zu viel Hektik?

Ohne Frage ist unsere Lebenswelt im letzten Jahrhundert wesent-lich komplexer und temporeicher geworden. Die Grenzen des per-sönlichen Umfeldes waren früher bedeutend enger gesteckt. Man-gels Mobilität waren weitere Reisen innerhalb des eigenen Landes oder gar ins Ausland eine Seltenheit. Viele Menschen, vor allem die ärmere Bevölkerung, bewegten sich meistens nur im Umkreis we-niger Kilometer ihres Heimatortes. Es gab keine Handys, kaum Telefone, keine Fernseher, keine Radios, keine Computer. Das Leben des Einzelnen konzentrierte sich auf eine deutlich engere, überschaubare Welt.

In der Gegenwart bringen uns die genannten Neuerungen sowie die globale Vernetzung zahlreiche Vorteile und ein hohes Maß an Komfort. Aber sie bescheren uns auch eine überwältigende Informationsflut und eine deutlich breitere, vielfältigere und kompliziertere Lebenswelt, in der wir uns zurechtfinden müssen. Während es früher vielleicht einen kleinen Dorfladen gab, der alle notwendigen Artikel des täglichen Bedarfs verkaufte, haben wir heute in der Regel die Auswahl zwischen mehreren großen Supermärkten, Drogerien, Fachgeschäften etc. Wir bestellen Waren im Internet, tätigen Überweisungen per Online-Banking, können zahlreiche kulturelle Angebote nutzen, wollen sportlich aktiv sein und uns regelmäßig fortbilden. Wir möchten ein ansehnliches Auto und eine vorzeigbare Wohnung oder besser noch ein Haus, das nach der neuesten Mode eingerichtet ist. Unsere Kinder gehen auf verschiedene, für sie geeignete Schulen, besuchen unzählige Freizeitaktivitäten, wollen Markenkleidung tragen, in den Ferien in den Kletterpark und zum Erlebnisbad fahren ... – um nur eine kleine beispielhafte Palette der Dinge aufzuzeigen, die wir zu bewältigen versuchen.

In früheren Jahrhunderten haben Menschen in unseren Breiten die Lebensumstände, in die sie hineingeboren wurden, viel mehr als gegeben und unveränderlich akzeptiert, als wir dies heute tun. Mangels Medien und Reisen waren sie mit Alternativen zu ihrem eigenen Lebensstil kaum vertraut. Den Mitgliedern niedrigerer gesellschaftlicher Schichten fehlte es an Geld und Bildung, um nach Höherem zu streben. Sie waren meist schon froh, wenn sie genügend zu Essen und ein Dach über dem Kopf hatten. Spricht man heute mit älteren Menschen über die einfachen und beschwerlichen Bedingungen ihrer Jugendzeit, bekommt man in aller Regel die Antwort: „Wir waren nicht unzufrieden. Wir kannten es ja nicht anders und haben unser Los so akzeptiert, wie es war."

Diese Einstellung hat sich drastisch verändert. Uns stehen in aller Regel – mit etwas gutem Willen und Engagement – so ziemlich alle schulischen, beruflichen und gesellschaftlichen Türen offen. Jeder ist seines eigenen Glückes Schmied. Dieser Umstand bietet jedem von uns unzählige Chancen, setzt uns aber auch unter Druck und macht uns unzufrieden. Was wir bereits erreicht haben, ist uns meist nicht gut genug, wir wollen immer noch höher hinaus. In Fernsehen, Zeitschriften und Internet sehen wir, dass es möglich ist, innerhalb weniger Monate zum Superstar erhoben zu werden oder Millionen zu verdienen. Wer will sich angesichts dessen schon in mühsamen 40-Stunden-Arbeitswochen den Basis-Komfort verdienen? Alles scheint möglich. Wieso also nicht auch für uns?

Und so geben wir uns häufig nicht mit bescheidenem Wohlstand zufrieden, sondern streben am liebsten nach einem Ferienhaus mit XXL-Swimmingpool in der Karibik, einer Luxus-Jacht und einer Limousine mit Chauffeur, wie wir sie bei Prominenten gesehen haben. Und selbstverständlich wollen wir den Errungenschaften unserer Nachbarn, Freunde und Bekannten in nichts nachstehen.

So schwer es in unserer Zeit oft tatsächlich sein mag, auf dem Laufenden zu bleiben, sowie seine Position in der Gesellschaft zu finden und zu behaupten, setzen wir uns doch auch selbst immer wieder massiv unter Druck.

Wägen Sie deshalb genau ab, was für Sie persönlich wirklich wichtig ist, und worauf Sie ohne weiteres verzichten können. Setzen Sie Ihre ganz eigenen Prioritäten, ohne sich von Ihrem Umfeld, Modeerscheinungen oder Medien zu sehr beeinflussen zu lassen. Welche Elemente im Leben geben Ihnen Kraft und lassen Sie aufblühen? Danach sollten Sie Ihr Leben ausrichten.

Es ist schön und richtig, Wünsche und Träume zu haben. Aber deren Zweck sollte es sein, Ihnen Freude und Zuversicht zu schenken, nicht Ihre Umwelt zu beeindrucken. Passen Sie Ihr Lebensumfeld (Wohnort, Freunde, Beruf, Hobbys, u. a.) Ihren Bedürfnissen an und nicht umgekehrt.

Versuchen Sie, die guten und schönen Dinge in Ihrem Leben gebührend zu schätzen und zu würdigen. Viele Annehmlichkeiten unseres modernen Lebens sind für uns so selbstverständlich, dass wir sie kaum noch wahrnehmen. Nur wenn die Heizung und der Strom einmal ausfallen oder das Auto nicht anspringt, wird uns vielleicht punktuell klar, wie gut es uns eigentlich geht. Genießen Sie bewusst den Luxus Ihres Alltags! Es mag sich nach erhobenem Zeigefinger anhören, aber Dankbarkeit zu empfinden – gerade auch für die kleinen, vertrauten und gewohnten Dinge – ist tatsächlich eine große Quelle für persönliche Zufriedenheit.

Das Leben – ein Entwicklungsweg

„Wenn sich eine Tür schließt, öffnet sich eine andere; aber wir sehen meist so lange mit Bedauern auf die geschlossene Tür, dass wir die, die sich für uns geöffnet hat, nicht sehen."
Alexander Graham Bell

Man hört häufig den Ausspruch: „Menschen ändern sich nicht". Aber, wäre es nicht tragisch, wenn wir uns in siebzig, achtzig oder neunzig Lebensjahren tatsächlich nicht verändern würden? Ob es uns gefällt oder nicht, das Leben ist ein Entwicklungsweg. Das Positive daran ist, wir bekommen im Laufe der Jahre unzählige

Chancen, uns selbst und unseren Lebensweg immer wieder zu verändern, zu verbessern.

Ja, zugegeben, die Vorstellung erscheint manchmal reizvoll: im Alter von 18 Jahren einen idealen Lebensstandard erreicht zu haben, und danach – ohne jegliche Sorgen und Veränderungen – das Leben nur noch genießen zu müssen. Gerade in besonders hektischen oder krisenhaften Lebensphasen erscheinen uns solche Vorstellungen wunderbar erlösend und beglückend. Aber ganz ehrlich, würde uns ein solches Leben nicht nach kurzer Zeit wahnsinnig langweilen? Würden wir uns nicht nach Bewegung, Abwechslung und Abenteuern sehnen? Wie lange würden wir all die schönen Dinge zu schätzen wissen, ohne unzufrieden zu werden und uns Veränderungen zu wünschen? Wer kennt ihn nicht, den leider oft wahren Spruch: „Nichts ist schwerer zu ertragen, als eine Reihe von guten Tagen."

Dass sich die Welt und unser Dasein ständig wandeln, ist nicht nur eine Tatsache, es ist auch das Salz in der Suppe unserer Lebenszeit. Wie sehr freuen wir uns auf einen Urlaub? Die meisten freuen sich danach aber genauso sehr, wieder nach Hause zu kommen. Wir genießen die Routinen und Sicherheiten des Alltags, möchten aber ab und zu auch ausbrechen und etwas Neues, Aufregendes erleben. Wir haben Wünsche, Träume und Ziele, die wir verwirklichen wollen. Und all die vielfältigen Erfahrungen unseres Lebens prägen und verändern uns. Eine Arbeitsstelle, eine Beziehung oder eine Wohnung, die wir vor 10 Jahren als ideal bezeichnet haben, empfinden wir heute vielleicht als unbefriedigend. Sprich, unser Umfeld und wir selbst haben uns im Laufe der Zeit verändert und weiterentwickelt. Erscheinen Ihnen die Entwicklungen in den vergangenen Jahren Ihres Lebens als harmonisch und stimmig? Dann wird Sie das mit Zufriedenheit erfüllen.

Eventuell haben Sie sich selbst und manche Elemente Ihres Umfeldes aber auch in unterschiedliche Richtungen verändert: Vielleicht sind Sie in der Arbeit in eine andere Abteilung versetzt worden, in der Sie sich nicht wohlfühlen. Oder Ihr Partner entdeckt plötzlich den Abenteurer in sich und möchte mit Ihnen Segelfliegen, Kletter- und Motorradtouren unternehmen, während Sie es sich am liebsten daheim gemütlich machen. Möglicherweise wenden Sie sich auch selbst immer mehr ökologischen Themen zu, möchten sich vegan ernähren und Buddhist werden, was wiederum Ihre Familie und Freunde irritiert. Oder, oder, oder … Es gäbe unzählige Beispiele dafür, dass sich Menschen oder Umstände verändern und dadurch ihr Umfeld zur Reaktion – Anpassung, Toleranz oder Distanzierung – zwingen. Unvorhergesehene, drastische Ereignisse wie schwere Krankheiten, Kriege und Todesfälle haben in der Regel besonders einschneidende Veränderungen zur Folge.

Zunächst muss man an dieser Stelle festhalten, dass Veränderungen an sich nichts Negatives sind; sie sind genau genommen neutral. Eine Bedeutung und Bewertung erhalten sie erst durch unsere (ganz persönliche) Einschätzung. Nun werden Sie vielleicht sagen: „Wie kann der Ausbruch einer schweren Krankheit oder eines Krieges positiv sein?" Diese Frage ist naheliegend und berechtigt. Aber, nüchtern betrachtet, können sich selbst derart dramatische Ereignisse am Ende positiv auswirken – es kommt dabei ganz auf den individuellen Blickwinkel an. So kann beispielsweise ein Krieg eine neue Gesellschaftsordnung in dem jeweiligen Land zur Folge haben, die den Bewohnern auf längere Sicht wesentlich mehr Freiheit und Lebensqualität ermöglicht. Ebenso kann eine Krankheit einen Lernprozess auslösen, der den Patienten dazu veranlasst, seinen Lebensweg zu überdenken und seine Zukunft auf veränderten Werten und Prioritäten aufzubauen.

Beispiel Eva Groß: *Die meisten Menschen, die Frau Groß kannten, empfanden sie als unangenehm, kühl, überheblich und äußerst anspruchsvoll. Wer mit Eva Kontakt hatte, hörte von ihr fast ausschließ-*

lich Kritik, Beschwerden oder bissige Bemerkungen: der Kellner war ihr zu langsam, der Kassierer im Supermarkt zu schnell, der Eisbecher zu kalt, der Kaffee zu heiß, das Vogelzwitschern zu laut, das Gras zu grün und das Wasser zu nass – kurz, sie war eine dieser Personen, die fast jeder lieber von hinten sieht. Im Alter von 47 Jahren erkrankte Frau Groß an Multipler Sklerose und entwickelte im Verlauf der Krankheit unter anderem eine Gehbehinderung, Sprachprobleme und fühlte sich häufig sehr schwach und erschöpft. Vier Jahre nach Beginn der Erkrankung war es ihr nicht mehr möglich, selbstständig zu leben und einen eigenen Haushalt zu führen. Da Eva nicht verheiratet war und keine Kinder hatte, blieb ihr nur die Möglichkeit in ein Pflegeheim zu ziehen. Für die Patientin, die an sich selbst und andere immer die höchsten Ansprüche gestellt hatte, war es ein mühsamer Prozess, die krankheitsbedingten Einschränkungen zu akzeptieren, sowie den Umstand, von der Hilfe anderer Menschen abhängig zu sein. Dennoch gab es zunehmend Momente oder sogar Stunden, in denen Eva Erleichterung und Dankbarkeit dafür empfand, nicht mehr perfekt sein zu müssen, Schwäche zeigen zu dürfen und vom Pflegepersonal zuverlässig umsorgt zu werden. Man kann nicht behaupten, dass Frau Groß den Mitarbeitern und anderen Patienten das Leben nun leicht gemacht hätte. Aber sie zeigte wesentlich öfters Verständnis für deren Probleme, Beschwerden und Unzulänglichkeiten, als sie es jemals zuvor in ihrem Leben getan hatte. Nach zwei Jahren in ihrem neuen Heim musste sich Frau Groß eingestehen, dass sie nun an einem Tag wesentlich mehr lachte, als früher in einem ganzen Monat. Ihre heimlichen Lieblinge waren zwei rumänische Pfleger, denen sie mit äußerster Sorgfalt die Feinheiten der deutschen Sprache näher brachte.

Größere Veränderungen lösen in uns in aller Regel Angst und Verwirrung aus, weil sie für uns mit Ungewissheit und Unsicherheit behaftet sind. Sie verlangen, dass wir unsere Komfortzone verlassen und uns in unbekannte Gefilde vorwagen, mit denen wir noch keine oder nur wenig Erfahrung haben. Meist sind wir zu weitreichenden Veränderungen in unserem Leben nur dann bereit, wenn wir mit unserem bisherigen Leben massiv unzufrieden sind oder wir in irgendeiner Weise dazu gezwungen werden (z. B. Trennung durch den Partner, Krankheit, Kündigung in der Arbeit). Im Nachhinein sind wir allerdings manchmal regelrecht dankbar, dass der Leidensdruck in unserem „alten Leben" irgendwann unerträglich geworden ist und uns zu (notwendigen) Veränderungen gezwungen hat.

Wenn sich Umbrüche in unserem Leben anbahnen, verbringen wir oft viel Zeit damit, uns verschiedene Zukunftsszenarien auszumalen. Das ist völlig normal und ermöglicht uns einen sinnvollen Weitblick sowie vorausschauendes Planen und Handeln. Kritisch und belastend wird das allerdings, wenn wir uns in erster Linie mit negativen Bildern und Erwartungen beschäftigen, die uns mit Angst und Unsicherheit erfüllen oder gar lähmen. Wir verschwenden auf diese Weise viel wertvolle Lebensenergie damit, uns mit Problemen zu beschäftigen, die eventuell irgendwann einmal auftreten könnten – oder eben auch nicht. Bekannterweise treten ca. 95 % der Dinge, um die wir uns prophylaktisch sorgen, nie ein. Auch ältere Menschen äußern im Rückblick auf ihr Leben immer wieder, dass sie in erster Linie bereuen, sich zu viel mit Ängsten und Sorgen beschäftigt zu haben.

Tatsächlich haben Veränderungen am Ende meist einen positiven Effekt auf unser Leben. Deshalb ist es in der Regel ratsam, sich mit Problemen erst dann im Detail zu beschäftigen, wenn sie wirklich auftreten. Im Englischen gibt es ein schönes Sprichwort: „We`ll cross that bridge when we get to it." (frei übersetzt: „Mit diesem Problem befassen wir uns, wenn es soweit ist.") Außerdem: Wenn wir ohnehin nicht wissen, was die Zukunft bringt, ist es doch viel sinnvoller, sie uns positiv vorzustellen, uns darauf zu freuen und

Veränderungen willkommen zu heißen. Das hebt unseren Energiepegel, hält uns optimistisch und gesund.

Wir durchlaufen in unserem Leben verschiedenste Phasen: erlebnisreiche, unbeschwerte, anstrengende, krisenhafte, verzweifelte, hoffnungsvolle etc. Und stets lernen wir etwas dazu. Am leichtesten wird uns das Auf und Ab des Lebens fallen, wenn wir es als Entwicklungsweg und Abenteuer annehmen und Veränderungen als Chance zur Verbesserung betrachten. Versuchen Sie, Ihren Lebensweg so weit wie möglich selbst zu bestimmen und aktiv zu gestalten, statt immer nur notgedrungen auf Veränderungen von außen zu reagieren. Nutzen Sie das Naturgesetz des ständigen Wandels zu Ihren Gunsten und arbeiten Sie an der Erfüllung Ihrer Wünsche und Träume.

Tipps für jeden Tag

- Versuchen Sie, Veränderungen in Ihrem Leben als Chance zu verstehen und zu nutzen.

- Malen Sie sich Ihre Zukunft bewusst rosig aus und beschäftigen Sie sich vorrangig mit positiven Erwartungen. Das wird Ihnen viel Kraft, Mut und Zuversicht geben. Negative Bilder und Ängste rauben uns hingegen Energie und lähmen uns.

- Beschäftigen Sie sich nicht schon prophylaktisch mit verschiedensten möglichen Problemen, sondern erst dann, wenn diese konkret auftreten.

Nachgedacht

- Welche stabilen Elemente schätzen Sie in Ihrem Leben besonders? Welche Änderungen fürchten Sie am meisten?

- Welche Wünsche und Sehnsüchte haben Sie für Ihre Zukunft? Wie müsste sich Ihre Situation verändern, damit sich diese erfüllen können?

- Gab es einschneidende Veränderungen in Ihrem Leben, die Sic besonders beunruhigt und geängstigt haben, die aber im Nachhinein einen sehr positiven Effekt auf Ihr Leben hatten?

- Welche Chancen, die sich Ihnen in der Vergangenheit boten, haben Sie nicht genutzt?

Zu viel denken ist ungesund

„Das Denken ist zwar allen Menschen erlaubt, aber vielen bleibt es erspart."

Johann Wolfgang von Goethe

Kennen Sie das auch: Ihr Kopf scheint ein Eigenleben zu führen und sich immer genau mit den Dingen zu beschäftigen, die Ihnen unangenehm sind, Sie aufregen, ärgern oder belasten? Eigentlich gäbe es doch auch genügend schöne Themen und Erinnerungen, an denen wir uns erfreuen könnten. Aber unser Gehirn scheint eine makabere Vorliebe für bedrückende Gedanken zu haben, auf denen es dann genüsslich herumkaut, wie der Hund auf einem Knochen. In der Regel verbinden wir damit die Hoffnung, ein Problem zu lösen, oder zumindest gewissen Dingen auf den Grund zu gehen. Aber seien wir ehrlich, wie oft erleben wir durch dieses unendliche Grübeln die große Erleuchtung? Selten bis nie. Ist es nicht vielmehr so, dass uns die besten Einfälle kommen, wenn wir am wenigsten damit rechnen – bei einem harmlosen Spaziergang, in der Badewanne oder beim Einkaufen? Je mehr wir uns dagegen mit Problemen beschäftigen, desto größer und bedrohlicher werden sie in der Regel. Unser Gehirn beleuchtet sie intensiv von allen Seiten, bläht sie immer weiter auf. Es scheint unserem Kopf regelrecht Freude zu bereiten, sich in sorgenvollen Gedanken zu verlieren und sich immer weiter hineinzusteigern, mit dem Ergebnis, dass wir zunehmend Hoffnung und Mut verlieren.

Forschungen zufolge gleichen die Gedanken, die wir heute haben, zu 90 % denen des Vortages. Sprich, unsere Gedanken drehen sich zum Großteil im Kreis. Das bereitet uns nicht nur Kopfweh oder Bauchschmerzen, es ist auch in höchstem Maße unproduktiv und verspricht kaum die erhoffte Lösung für unsere Sorgen.

Gut, das Befassen mit den vertrauten Ansichten mag uns in der Regel ein gewisses Gefühl von Stabilität, Heimat und Sicherheit bescheren, während uns neue Impulse oft zunächst verunsichern. Dennoch sind es gerade diese neuen, ungewohnten Eindrücke und die Pausen vom Gewohnten, die Raum und Ideen für Veränderungen schaffen. Keine Bange, Sie sollen nicht nach Gangotri pilgern oder Quantenphysik studieren. Ganz im Gegenteil. Beschäftigen Sie sich mit Dingen, die Ihnen ganz persönlich gut tun, Ihr Herz berühren und Ihren Interessen entsprechen: lesen Sie einen Liebesroman, machen Sie ein Mittagsschläfchen, gehen Sie in den Zoo, unternehmen Sie eine Bergwanderung, verbringen Sie ein Wochenende in Wien, schauen Sie ein Fußballspiel, setzen Sie ein Puzzle zusammen oder schauen Sie einfach aus dem Fenster. Es mag Ihnen unangemessen und banal erscheinen, Ihre Zeit mit solchen Dingen zu „verschwenden", wenn Sie sich in dieser Zeit doch mit großen Problemen beschäftigen könnten. Aber glauben Sie mir, Ihr Körper und Ihre Gesundheit werden für jede Stunde dankbar sein, in der Sie sich derart trivialen Dingen widmen – Dingen, die Sie entspannen, Glückshormone freisetzen und den Kopf von negativen Gedanken reinigen. Viele Probleme werden Ihnen danach nur noch halb so dramatisch und damit in einer viel realistischeren Perspektive erscheinen.

Versuchen Sie, sich beim Umgang mit schwierigen Themen immer an den Tatsachen zu orientieren. Wie oft kommt uns ein Gerücht zu Ohren – manchmal nur ein Gesprächsfetzen – und schon stürzt sich unser Gehirn darauf, analysiert, bewertet, befürchtet und bauscht auf. Bevor wir überhaupt die eigentlichen Tatsachen und Zusammenhänge kennen, hat sich unser Gehirn schon 10 mögliche Szenarien zusammengereimt – in der Regel eines dramatischer, als das andere. Wir neigen dazu, sehr schnell Mutmaßungen anzustellen, mental tausend Antworten auf das Wie und Warum zu suchen. Auf diese Weise beschäftigen wir uns oft viele Stunden mit Problemen, die rein hypothetisch sind und nicht selten jeder Grundlage entbehren. Wir belasten also während dieser ganzen Zeit unser Gemüt mit negativen Gedanken, Ängsten oder Horrorszenarien, und das ohne jeden Nutzen. Das einzige Resultat, das wir damit erzielen, ist unsere Zeit und Lebensenergie zu verschwenden, sowie unsere Gesundheit durch unnötige Stressreaktionen zu schädigen. Wir sollten uns selbst daher den Gefallen tun, ein Thema erst dann als Problem zu behandeln, wenn es tatsächlich eines ist und wir genügend Informationen dazu besitzen.

Kennen Sie das? Ihr Chef hat Sie heute Morgen nur flüchtig gegrüßt und ist dann mit betrübter Miene an Ihnen vorbei marschiert. Gehören Sie auch zu den Menschen, die dann sofort die Alarmglocken läuten hören und sich verzweifelt fragen „Was habe ich denn jetzt schon wieder angestellt?"

Oder vielleicht ist Ihr Mann schon seit Tagen kaum ansprechbar, weil sein Fußballverein abgestiegen ist und sie versuchen beständig, ihn zu trösten und aufzumuntern.

Es gäbe zahllose Beispiele für recht harmlose Situationen, in denen wir Probleme auf uns beziehen, die uns eigentlich gar nicht oder nur indirekt betreffen. Bereitwillig lassen wir uns den Tag von Ereignissen verderben, die kaum der Rede wert sind und mit uns nur wenig zu tun haben. Wir sollten deshalb Probleme dort belassen, wo sie hingehören: nämlich die schlechte Laune bei Ihrem Chef und die Sorge über die unfähigen Fußballspieler bei Ihrem Partner oder besser noch beim entsprechenden Verein.

Jetzt werden Sie vielleicht sagen: „Ein wenig Mitgefühl kann doch nicht schaden." Richtig, ein wenig Mitgefühl schadet sicher nicht. Aber machen Sie sich nicht die Sorgen anderer Menschen zu Eigen und fühlen Sie sich nicht schuldig oder verantwortlich dafür.

Gegenseitige Fürsorge, Mitgefühl und Unterstützung sind ohne Frage wertvolle Elemente zwischenmenschlicher Beziehungen. Aber achten Sie immer auf ein gesundes Maß, das nicht über Ihre Kräfte geht. So sehr Sie das vielleicht auch möchten, Sie können anderen Menschen ihren Lebensweg nicht abnehmen. Jeder von uns hat seine eigene Biografie mit Höhen und Tiefen – das ist der Lauf der Dinge. Und jeder muss seinen Weg selbst gehen. Wir können uns gegenseitig unterstützen, aber wir können niemandem seinen Weg abnehmen. Achten Sie deshalb auf Ihre eigenen Grenzen und achten Sie die Grenzen anderer.

Eine weitere gefährliche Grübelfalle ist die Frage nach dem Warum. Warum sind die Dinge so, wie sie sind? Warum ist ein bestimmtes Ereignis eingetreten? Warum hat es gerade mich getroffen? Leider bringt es uns in den seltensten Fällen weiter, lange darüber nachzugrübeln. Vielleicht kennen Sie den Liedtext aus der Operette „Die Fledermaus": „Glücklich ist, wer vergisst, was doch nicht zu ändern ist …" Wir müssen natürlich nicht gleich alles vergessen und es ist auch unser gutes Recht, tragische Ereignisse ausgiebig betrauern. Aber es kann eine große Hilfe sein, davon auszugehen, dass das betreffende Ereignis am Ende doch gut und sinnvoll war – aus welchem Grund auch immer.

Wenn wir Umstände nicht ändern können, sollten wir uns darauf konzentrieren, das Beste aus ihnen zu machen und sie so gut wie möglich für uns zu nutzen. Bei genauerem Hinschauen bergen sie nämlich oft ungeahnte Chancen, die wir uns nicht entgehen lassen sollten.

Beispiel Siegfried Kunz: *Herr Kunz war seit knapp zwei Jahren als Bereichsleiter in einer großen sozialen Einrichtung angestellt. Er war zu diesem Zeitpunkt 34 Jahre alt und noch recht unerfahren in seinem Tätigkeitsbereich. Als nun für den Heimleiter der Einrichtung ein 5-wöchiger Reha-Aufenthalt anstand, wurden dessen Zuständigkeiten auf andere Mitarbeiter aufgeteilt. Herrn Kunz übertrug man dabei unter anderem die Leitung der Haustechnik. Da dieser im Vorfeld immer wieder unangenehme Auseinandersetzungen mit den 6 Mitarbeitern dieses Bereiches gehabt hatte, dachte er mit Grausen an die bevorstehende Zusammenarbeit.*
Nach mehreren schlaflosen Nächten bekam Herr Kunz von einem Kollegen den Rat, doch in dieser Zeit von den Angestellten der Haustechnik alle Arbeiten erledigen zu lassen, die in seinem Be-

reich auf der Warteliste standen. Mit diesem schelmischen Gedan-
ken freundete sich Herr Kunz sofort an und ließ ihn in den folgen-
den Wochen zum Programm werden. Die Räumlichkeiten seines
Zuständigkeitsbereiches erstrahlten bald in neuem Glanz und Herr
Kunz war um eine wertvolle Erfahrung reicher.

So wie in diesem Beispiel hat unsere persönliche Einstellung generell einen gewaltigen Einfluss auf unser Empfinden von Freude,
Zufriedenheit und Lebensqualität.

   Glücksforscher haben herausgefunden, dass das Ausmaß unserer
Glücksgefühle zu ca. 50 Prozent von der genetischen Veranlagung
abhängt und der damit verbundenen Produktion von „Glückshor-
monen" wie Serotonin, Oxytocin und Endorphinen. Unsere Lebensumstände beeinflussen unser Glücksniveau laut diesen Forschungen
lediglich zu ca. 10 Prozent. Für ganze 40 Prozent unseres Glücks-
empfindens sind hingegen unsere Gedanken verantwortlich. Also:
Denken wir uns glücklich!

Tipps für jeden Tag

● Vermeiden Sie Grübeleien. Beschäftigen Sie sich stattdessen mit
  positiven Gedanken und Erinnerungen, sowie mit Tätigkeiten,
  die Sie ablenken, Ihnen gut tun und Sie entspannen.

● Stellen Sie keine Mutmaßungen über eventuell vorhandene Probleme an. Befassen Sie sich erst dann mit der jeweiligen Thematik, wenn Sie alle nötigen Informationen besitzen und es tatsächlich ein Problem gibt.

- Unterstützen Sie Familienmitglieder, Freunde und Bekannte, aber machen Sie sich nicht deren Sorgen zu Eigen und fühlen Sie sich nicht verantwortlich dafür.

- Grübeln Sie nicht zu lange über Warum-Fragen und Dinge, die Sie nicht (mehr) ändern können.

- Nehmen Sie die Umstände an, so wie sie sind, und machen Sie das Beste daraus.

- Nun noch eine wirklich gute Nachricht für die Jüngeren unter Ihnen. Im Alter von ca. 40 Jahren stellt sich bei den meisten Menschen durch die jahrelange Lebenserfahrung und die bereits erreichten Lebensziele – sozusagen automatisch – mehr Gelassenheit ein. Man könnte es auch eine gesunde „Wurschtigkeit" nennen. Man hat nicht mehr das Gefühl, sich jeden Tag neu beweisen zu müssen, und braucht auch nicht mehr jedermanns Liebling zu sein. Man ruht mehr in sich, fühlt sich ausgeglichener und kann mehr genießen. Vor allem Frauen sagen deshalb häufig, dass sie sich im reiferen Alter wesentlich wohler und entspannter fühlen, als in der Jugend.

Nachgedacht

- Zu welchem „Lieblingsproblem" wandern Ihre Gedanken derzeit immer wieder? In welchen Situationen kreisen Ihre Gedanken besonders stark?

- Bei welchen Tätigkeiten oder in welchem Umfeld finden Sie am ehesten Ruhe und inneren Frieden?

- Welche unangenehme Situation, mit der Sie in der Vergangenheit konfrontiert waren, konnten Sie am Ende doch noch positiv gestalten beziehungsweise erfolgreich für sich nutzen?

Entscheidungen von früh bis spät

„Wenn wir etwas wollen, suchen wir Wege. Wenn wir etwas nicht wollen, suchen wir Gründe."

Autor unbekannt

In gewisser Weise ist unser Leben eine einzige Kette von Entscheidungen. Das fängt bei ganz alltäglichen Dingen an: Was esse ich zum Frühstück? Was ziehe ich an? Fahre ich mit dem Auto zur Arbeit oder mit der Bahn? Muss ich mit meinen Rückenschmerzen zum Arzt oder reicht eine Salbe aus der Apotheke? Was muss ich heute im Supermarkt einkaufen? Besuche ich dieses oder nächstes Wochenende meine Eltern? Und, und, und ... Diese harmlosen Belange bereiten uns in der Regel keine größeren Schwierigkeiten und werden von uns mehr oder weniger routinemäßig entschieden. Aus unseren Erfahrungen heraus entwickeln wir gewisse Gewohnheiten, die sich als zweckdienlich erwiesen haben und uns den Alltag erleichtern. Kaum jemand überlegt jeden Tag von Neuem, ob er morgens nach dem Aufstehen zuerst duschen oder frühstücken soll, sondern man macht es einfach genauso wie gestern, vorgestern und am Tag davor.

Leider fallen uns nicht alle Entscheidungen derart leicht. Geht es beispielsweise um größere Investitionen, den Wechsel der Arbeitsstelle oder das Beenden einer Beziehung, sind die Konsequenzen für uns viel weitreichender. Entsprechend gründlich wollen diese Themen durchdacht sein. In der Regel wägen wir dann die damit verbundenen positiven und negativen Punkte ab und malen uns entsprechende Zukunftsszenarien aus. Im besten Falle führt das schon zu einem klaren Entschluss. Manchmal allerdings stecken wir regelrecht fest und bleiben immer wieder an der gleichen Stelle unserer Überlegungen stehen, ohne uns für Variante A oder B entscheiden zu können. Dann kann es nützlich sein, noch eine Weile abzuwarten und die Zeit für sich arbeiten zu lassen. Häufig erhalten wir dann aus dem Alltag heraus – vielleicht wenn wir am wenigsten daran denken – einen Impuls, der uns die Entscheidung erleichtert oder sogar ganz deutlich vor Augen führt.

Manchmal erscheinen uns auch bestimmte Dinge an einem Tag unheimlich wichtig, am nächsten Tag haben wir sie schon wieder vergessen oder sie kommen uns völlig banal vor. So meinen wir vielleicht, unter keinen Umständen ohne den goldenen Designerkoffer oder die Multifunktions-Bohrmaschine weiterleben zu können, die wir heute beim Einkaufen gesehen haben. Einige Stunden später aber denken wir schon gar nicht mehr daran. Im Zweifelsfalle lohnt es sich also durchaus, Entscheidungen eine Nacht oder auch länger aufzuschieben. Ähnlich verhält es sich mit neuen Geschäftsideen, Weiterbildungen, Investitionen etc. Gerade sehr begeisterungsfähige Menschen sind schnell Feuer und Flamme für eine neue Idee, stellen aber später häufig fest, dass die (wenig durchdachte) Rechnung hinten und vorne nicht aufgeht. Beschäftigt Sie ein bestimmtes Thema allerdings immer wieder, vielleicht sogar über Jahre, dann hat es mit ziemlicher Sicherheit etwas mit Ihrer persönlichen Entwicklung zu tun, und sollte weiter verfolgt werden.

Bei größeren Entschlüssen ist es außerdem ratsam zu überdenken, ob der geplante Schritt tatsächlich zum Gesamtkonzept Ihres Lebens und den Zielen passt, die Sie für Ihre Zukunft anstreben. So wäre es beispielsweise wenig sinnvoll, sich einen Hund zu halten, wenn man in Vollzeit erwerbstätig ist oder für die nächsten Jahre viele Auslandsreisen plant. Ebenso sollte sich jemand der Hausarbeit vom Herzen verabscheut, gründlich überlegen, ob er in eine große Villa mit Garten zieht (es sei denn er engagiert genügend Personal).

Wir Menschen neigen dazu, Dinge zu hinterfragen, wir wollen Gründe und Zusammenhänge verstehen. Das ist zunächst eine positive wie nützliche Eigenschaft, die uns intelligentes Denken und Handeln ermöglicht. Manche Probleme allerdings werden für uns umso unklarer, je mehr wir versuchen, sie zu analysieren und zu ergründen. Gerade emotionale Themen wie Paar- oder Verwandtschaftsbeziehungen, Freundschaften etc. sind oft nur schwer greifbar und kaum in einer Plus-Minus-Aufstellung zu erfassen. Zwischen zwei Menschen entfaltet sich immer eine ganz spezielle Beziehungsdynamik, in der eine Vielzahl (subtiler) Faktoren eine Rolle spielen. Zudem kommen in engeren Verbindungen oft Eigenschaften und psychische Muster einer Person zum Vorschein, die in einer oberflächlichen Bekanntschaft nicht oder kaum in Erscheinung treten. Unter Umständen fühlt sich einer der Beteiligten vom anderen ausgenutzt, manipuliert oder ungerecht behandelt. Besonders in Paarbeziehungen kann es außerdem zu fatalen Abhängigkeiten kommen, zu zerstörerischen Aggressionen, tiefen Vertrauensbrüchen und, und, und. Die Thematik ist überaus vielschichtig und kann daher an dieser Stelle nur angeschnitten werden. Aber gerade weil die Materie so komplex ist, kann es für den Einzelnen regelrecht quälend sein, sich in einer solch disharmonischen Beziehung zu befinden, beziehungsweise sich daraus zu befreien. Wenn Lösungsversuche immer wieder scheitern, sich Ihre Gedanken zur

Thematik nur noch im Kreis drehen und Sie peinigen, kann es hilfreich sein, das Ganze auf eine einfache Frage zu reduzieren. Überlegen Sie, ob Ihnen die Beziehung – summa summarum – Kraft gibt oder Kraft raubt. Diese Frage kann in der Regel jeder schnell beantworten. Finden Sie in einer Beziehung Kraft, Halt und Geborgenheit, dann lohnt es sich sicherlich, daran festzuhalten. Wenn Sie hingegen klar sagen können, dass Ihnen diese Beziehung eigentlich nur noch Energie raubt, Sie schwächt und traurig macht, wird es in vielen Fällen sinnvoll sein, die Verbindung zu beenden. Verzetteln Sie sich nicht in Details, Charakteranalysen und schönen Erinnerungen, sondern betrachten Sie möglichst nüchtern die Ist-Situation.

Beispiel Katharina Fuchs: *Katharina (28) war seit ca. zwei Jahren mit ihrem Freund Christoph (42) liiert. Das Paar wirkte nach außen sehr innig und verliebt. Die beiden teilten viele gemeinsame Interessen und verbrachten glückselige Stunden bei gemeinsamen Ausflügen, Wanderungen, Restaurantbesuchen oder Couchabenden. An solchen Tagen hätte sich Katharina keinen liebevolleren und charmanteren Partner vorstellen können: Christoph nahm regen Anteil an ihrem Leben, war ein aufmerksamer Gesprächspartner, verwöhnte sie mit Komplimenten, Geschenken und Zärtlichkeiten. Doch immer dann, wenn die Beziehung einige Tage lang besonders unbeschwert und harmonisch verlaufen war, zog sich Christoph aus unerklärlichen Gründen zurück. Er wurde Katharina gegenüber barsch und abweisend, flirtete mit anderen Frauen und erklärte seiner Partnerin, er bräuchte mehr Abwechslung und Freiraum.*

Die junge Frau konnte diese plötzlichen Sinneswandel nicht verstehen und beendete die Partnerschaft mehrfach. Daraufhin bemühte sich Christoph immer wieder besonders eifrig um sie und gelobte so lange Besserung, bis Katharina sich ein weiteres Mal auf eine Beziehung mit ihm einließ. Aber es änderte sich nichts, das zermür-

*bende Schwanken zwischen auf-Händen-getragen und anschließen
kalt abgewiesen werden, nahm weiter seinen Lauf. Dennoch (oder
gerade deshalb) wurde Katharinas emotionale Bindung zu Christoph immer stärker. Sie quälte sich mit der Suche nach Gründen für
das Verhalten ihres Freundes und meinte, wenn sie sich nur noch
mehr bemühe, ihm eine tadellose Partnerin zu sein, werde die Zuneigung ihres Freundes irgendwann Bestand haben und in eine
dauerhaft glückliche Beziehung münden. Katharina verbrachte unzählige Stunden mit Grübeleien, Selbstzweifeln und Furcht vor der
nächsten Zurückweisung. Ihre Gedanken drehten sich zwanghaft im
Kreis, die junge Frau wurde immer unsicherer und ängstlicher.*

*Inneren Frieden fand Katharina erst wieder, als sie aufhörte,
sich mit den Gründen für Christophs Verhalten zu beschäftigen, und
sie sich lediglich darauf konzentrierte, welche Auswirkungen die
Beziehung auf ihr eigenes Wohlbefinden hatte. Sie musste feststellen, dass die Partnerschaft ihr massiv Energie und Selbstvertrauen
raubte und ihr keinerlei Sicherheit oder Geborgenheit mehr vermit-
telte. An diesem Punkt beschloss die junge Frau, die Verbindung zu
Christoph komplett abzubrechen.*

*Nach kurzer Zeit empfand Katharina die Trennung als sehr be-
freiend, konnte aber erst Jahre später wieder genügend Vertrauen
aufbringen, um sich auf eine neue Beziehung einzulassen.*

Die Frage, ob uns etwas Kraft gibt oder Kraft raubt, kann nicht nur
in Beziehungsthemen gute Dienste leisten, sondern auch bei anderen Entscheidungen sehr nützlich sein. So verzetteln wir uns beispielsweise auch bei einem Arbeitsplatzwechsel, dem Austritt aus
einem Verein oder der Veränderung von Hobbys und Gewohnheiten
gerne in endlosen Analysen und dem Schwelgen in Erinnerungen,
wie schön es doch früher einmal war. Das kann sich doch nicht einfach ändern, oder? Doch kann es! Denn die Welt, wir selbst und

unser Umfeld befinden sich im ständigen Wandel. So ist es völlig normal, dass uns beispielsweise eine Arbeitsstelle, die wir vor 15 Jahren als große Chance und als sehr befriedigend empfunden haben, heute langweilt oder uninteressant erscheint. Denn in dieser Zeit haben sich höchst wahrscheinlich Ihre Kollegen verändert, das Klientel verändert, die Arbeitsweise und Ihre Aufgaben verändert und nicht zuletzt haben Sie selbst sich verändert und weiterentwickelt.

Wenn man eine solche (schleichende) Unzufriedenheit mit den bisherigen Lebensumständen bemerkt, versucht man meist, sich diese noch eine Zeit lang schön zu reden. Das gelingt uns in der Regel auch ganz gut, denn der Mensch ist ein Gewohnheitstier. Veränderungen bedeuten Anstrengung, und die wollen wir nach Möglichkeit vermeiden. Aber auch hier gibt uns unserer Körper und Gefühlsleben meist deutliche Signale: Spätestens wenn es uns vor jedem Arbeitstag, Vereinstreffen, oder, oder graust und wir sogar mit körperlichen Symptomen wie Kopfschmerzen, Rückenschmerzen, Herzrasen oder Schlafstörungen reagieren, ist es höchste Zeit für eine Veränderung!

Das heißt nicht, dass Sie innerhalb weniger Stunden Ihr ganzes Leben auf den Kopf stellen sollen. Freunden Sie sich langsam mit dem Gedanken an, träumen Sie, schmieden Sie in Ruhe Pläne, spielen Sie gedanklich verschiedene Möglichkeiten durch und ergreifen Sie Chancen, wenn sie sich bieten. Sie werden merken, wie sehr Sie die Zukunftspläne beflügeln, Ihnen Energie und Lebensfreude spenden.

Es gibt immer wieder Menschen, die mit großer Leidenschaft ihr hartes Leben oder ungerechtes Schicksal beklagen. Das ist in zahlreichen Fällen sicherlich durchaus berechtigt und verdient unser vollstes Mitgefühl. Häufig haben sich diese Menschen – bei genauerem Hinsehen – aber so ziemlich ihren gesamten Lebensweg selbst gewählt und die entsprechenden Entscheidungen eigenständig getroffen, wie z. B. Beruf, Wohnort, Partner, Lebenssituation, unter Umständen auch Drogenkonsum, Risikosport, ungesunde Lebensweise etc.

Oftmals ist uns gar nicht bewusst, dass wir für zahlreiche „Unglücksfälle" unseres Lebens selbst (mit-)verantwortlich sind. Natürlich ist es immer einfacher, andere, den Staat, Gott oder das Schicksal zu beschuldigen. Aber zu einem Großteil haben wir unser persönliches Glück tatsächlich selbst in der Hand. Die Gesellschaft, in der wir hierzulande heute leben dürfen, bietet den meisten von uns eine breite Palette an Möglichkeiten. Diese sollten wir nutzen und für unser eigenes Leben die Verantwortung übernehmen.

Auch, wer ewig über seine belastenden Lebensumstände jammert, aber nichts daran ändert, trifft eine Entscheidung. Lamentieren und sich damit die Aufmerksamkeit und den Zuspruch seiner Mitmenschen zu sichern, ist oft wesentlich bequemer, als an der Lage etwas zu ändern. Für manche wird diese Position sogar zum eigentlichen Lebensinhalt. Diese Menschen definieren sich über ihr Leiden, ihre selbst erwählte Märtyrerposition, über ihr Weltbild, in dem sie die Armen, Guten sind. Der Rest der Welt wird schnell als böse, ungerecht und undankbar verurteilt. Solche Personen beziehen viel Kraft und Energie daraus, sich selbst als armes Opfer darzustellen, um von ihrem Umfeld dafür Mitgefühl und Bedauern zu ernten. Verstärken Sie dieses Verhalten nicht, indem Sie „das Spiel mitspielen", sondern machen Sie diesen Menschen deutlich, dass sie sich ihre Position selbst ausgesucht haben und motivieren Sie sie zu Veränderungen – gemäß des schönen Spruches von Konfuzius: „Es ist besser, ein Licht zu entzünden, als auf die Dunkelheit zu schimpfen."

Tipps für jeden Tag

- Lassen Sie sich mit (größeren) Entscheidungen Zeit. Überstürzen Sie nichts und schlafen Sie im Zweifelsfalle einige Nächte darüber.

- Überlegen Sie, ob die geplante Veränderung zum Gesamtkonzept Ihrer Zukunftspläne passt.

- Verzetteln Sie sich nicht in endlosen Problemanalysen. Konzentrieren Sie sich bei der Entscheidungsfindung auf wenige, wirklich wichtige Punkte, wie z. B der Frage, ob Ihnen die zur Debatte stehende Sache Energie gibt, Sie aufblühen lässt, oder ob Sie Ihnen Kraft, Lebensfreude und Selbstwertgefühl raubt.

- Warten Sie nicht darauf, dass andere Ihre Wünsche und Bedürfnisse erraten und erfüllen, sondern sorgen Sie selbst dafür, dass es Ihnen gut geht.

- Beschäftigen Sie sich mit Zukunftsträumen, schmieden Sie Pläne und nutzen Sie Chancen.

- Gestalten Sie Ihr Leben nach Ihren persönlichen Wünschen und Bedürfnissen. Übernehmen Sie die Verantwortung für Ihre Entscheidungen und Ihren Lebenslauf – mit allen Konsequenzen.

- Denken Sie, was Entscheidungen und Lebenswege angeht, nicht in Kategorien wie „richtig" oder „falsch". Tatsächlich haben alle Möglichkeiten ihre Vor- und Nachteile. Betrachten Sie die verschiedenen Wege vielmehr als Abenteuer und Erlebnispfad.

Nachgedacht

- Fällt es Ihnen schwer, Entscheidungen zu treffen? Sind Sie froh, wenn dies ein anderer übernimmt?

- Denken Sie beim Eintreten verschiedener Ereignisse manchmal: „Tja, selbst schuld!" oder suchen Sie die Gründe und Schuld eher bei anderen?

- Was erleichtert Ihnen Entscheidungen: Mit anderen zu sprechen, Vor- und Nachteile abzuwägen, warten bis der Leidensdruck groß genug ist …?

Ich mach mir die Welt, wie sie mir gefällt

Wenn ein Traum zerbricht, träume einfach einen neuen.

Autor unbekannt

Haben Sie auch manchmal den Eindruck, die Welt ist ein Tollhaus? Wundern Sie sich auch zuweilen darüber, dass Regeln und Gesetze, die gestern noch strenges Gebot waren, heute vom Gegenteil abgelöst werden? Oder darüber, wie viel Macht oft gerade besonders dumme und dreiste Menschen haben? Fällt Ihnen auch auf, dass Trends und Modeerscheinungen, denen vor Kurzem noch die halbe Welt euphorisch folgte, bald schon wieder vollkommen überholt sind und keinen Menschen mehr interessieren?

Ja, alle Gesetze, Traditionen, politischen Entscheidungen, Religionen, Trends, etc. sind menschgemacht, und der Mensch ist nun einmal wechselhaft und höchst fehlbar. Wir dürfen seine Werke also mit gutem Recht anzweifeln und unseren gesunden Menschenverstand benutzen, wenn es darum geht, Regeln, Bräuchen und Modeerscheinungen zu folgen. Allerdings sind wir Menschen leicht beeinflussbar und laufen im Zweifelsfalle lieber mit der Herde mit – besonders, wenn wir uns Vorteile davon versprechen, oder auch nur, um dazuzugehören und nicht aus der Reihe zu fallen.

Manchmal befinden wir uns mitten in einem Szenarium, in dem wir uns völlig deplatziert und unwohl fühlen. Das kann eine Feier sein, zu der wir eingeladen sind, eine berufliche Besprechung oder Fortbildung, ein Urlaubsland, eine kulturelle, politische oder religiöse Veranstaltung. Wir fühlen uns dort fremd, verunsichert und angespannt, sprichwörtlich wie im falschen Film. Eigentlich wollen wir nur so schnell wie möglich flüchten. Falls das nicht möglich ist, versuchen Sie sich innerlich zurückzulehnen und zu entspannen. Betrachten Sie die Situation mit Distanz wie ein Theaterstück, eine Kuriosität – sozusagen als Abenteuer oder Sozialstudie. Beobachten Sie Ihr Umfeld einfach nur mit Neugier und Staunen. Setzen Sie sich nicht unter Druck: Sie müssen längst nicht alles gut finden, was Sie hören und sehen. Aber das Erlebte macht Sie wieder um eine Erfahrung reicher.

Eine der effektivsten Methoden, mit Problemen oder unangenehmen Situationen umzugehen ist, sie mit Distanz und Humor zu begutachten. Auf Universums-Niveau gesehen, sind wir doch nichts anderes, als ein Haufen Ameisen, der über die banalsten Dinge streitet und wetteifert. Versuchen wir also, unsere Nerven zu schonen, indem wir uns selbst und die Welt nicht so wichtig nehmen. Salopp formuliert könnte man auch sagen: Die Sterberate des Menschen beträgt 100 % – es wird ohnehin jeder von uns in absehbarer Zeit wieder zu Staub zerfallen, warum also nehmen wir das Leben oft so schrecklich ernst?

Die meisten von uns können vielleicht nicht viel Einfluss auf die Weltgeschichte nehmen, aber wir können unser Leben und „unsere kleine Welt" so gestalten, wie es uns gefällt. Richten Sie sich Ihre Existenz so ein, wie es für Sie persönlich gut und richtig ist.

Träumen Sie und malen Sie sich Ihr Leben in den schönsten Bildern aus, schmieden Sie Pläne. Diese Visionen wecken unsere Lebensgeister, schenken uns Zuversicht, helfen uns Krisen oder den tristen Alltag durchzustehen. Außerdem: Nur Wünsche, die man hat, können sich auch erfüllen. Dennoch ist der Traum fast wichtiger, als die Umsetzung. Jürgen Todenhöfer schreibt: „Der Mensch hat sich seit Jahrtausenden immer dann am besten gefühlt, wenn er auf dem Weg zu einem erreichbaren Ziel war, nicht, wenn er es erreicht hatte." (6) oder wie Arthur Schnitzler es einmal formulierte: „Die Sehnsucht ist es, die unsere Seele nährt und nicht die Erfüllung."

Das soll freilich nicht heißen, dass man nicht alle Chancen im Leben nutzen sollte, seine Herzenswünsche auch umzusetzen. Zugegeben, manchmal braucht es eine gehörige Portion Geduld und Ausdauer, bevor sich die entsprechende Gelegenheit bietet. Aber, alles im Leben hat seine Zeit und seinen Ort. Geben Sie nicht auf und glauben Sie fest an Ihre Träume! Dann wird sich früher oder später auch die Möglichkeit zur Umsetzung bieten.

Ein Beispiel, das ich persönlich enorm beeindruckend und motivierend finde, ist der Werdegang von Abraham Lincoln, bevor er 1860 zum Präsidenten der USA gewählt wurde. Zwischen 1831 und 1856:

-   ging er als Geschäftsmann zweimal bankrott
-   kandidierte er dreimal für den Senat, wurde aber nicht gewählt
-   verstarb seine geliebte Frau und Abraham Lincoln erlitt in der Folge einen Nervenzusammenbruch

- bewarb er sich dreimal vergeblich für den Kongress
- 1856 kandidierte er erfolglos für das Amt des Vizepräsidenten der USA

Nach dieser langen Liste von Niederlagen (obwohl es sicherlich auch Erfolge gab) wurde Abraham Lincoln einer der bedeutendsten Staatsmänner der US-amerikanischen Geschichte und schaffte 1862 die Sklaverei ab.

Eine solche Zähigkeit ist natürlich nicht jedem Menschen gegeben. Angesichts einer derartigen Odyssee erscheint dem Großteil von uns der Verzicht auf die Traumerfüllung wahrscheinlich doch als das geringere Übel. Dennoch müssen wir nur einmal mehr aufstehen, als wir hingefallen sind, um unser Ziel zu erreichen. Wobei sicherlich von Vorteil ist, dass wir die Länge und Schlaglöcher des Weges, der vor uns liegt, nicht im Voraus kennen. Die Hoffnung trägt uns sanfter Schritt für Schritt durch das Leben.

Tipps für jeden Tag

- Folgen Sie nicht blind der Masse, sondern hinterfragen Sie den Sinn von Regeln und Trends. Handeln Sie im Einklang mit Ihren persönlichen Werten.

- Betrachten Sie die Welt mit Neugier, aber auch mit Distanz und Humor.

- Träumen Sie und schmieden Sie Pläne. Gestalten Sie „Ihre kleine Welt" nach Ihren persönlichen Wünschen und Vorlieben.

- Um Frustration zu vermeiden, wenn Sie an der Umsetzung eines größeren Zieles arbeiten, setzen Sie sich am besten realistische Etappenziele. Deren Erreichen verschaffen Ihnen regelmäßig Erfolgserlebnisse und verleihen Ihnen Mut für den weiteren Weg.

Nachgedacht

- Was veranlasst Sie, im Zweifelsfalle lieber der Masse zu folgen – die Angst, ausgeschlossen zu werden, etwas zu verpassen oder nicht mitreden zu können? Vielleicht sind Sie auch der Meinung, dass so viele Menschen ja wohl kaum falsch liegen können?

- Angenommen, Sie würden im Lotto mehrere Millionen Euro gewinnen und wären damit für die Zukunft aller finanziellen Sorgen entledigt. Wie würden Sie Ihr Leben dann gestalten? Welche Elemente dieses Traumes können Sie im Kleinen auch jetzt schon verwirklichen?

- Wer kann Sie bei der Umsetzung Ihrer Pläne unterstützen?

- Welche Ihrer Träume sind über viele Jahre oder Jahrzehnte hinweg gleich geblieben? Welche haben sich verändert?

- Inwieweit entspricht Ihr jetziges Leben dem Wunschbild, das Sie mit 18 von Ihrer Zukunft hatten?

- Welche Ereignisse waren die wichtigsten in Ihrem bisherigen Leben? Was möchten Sie unbedingt noch erleben?

Ärgern verboten!

„Das ist das Ärgerliche am Ärgern: dass man sich damit selbst bestraft."

Ernst Ferstl

Mussten Sie sich heute schon wieder ständig ärgern? Über den Postboten, der jeden Tag zu spät kommt? Über den Urlauber, der mit 30 km vor Ihnen hergefahren ist, als sei er allein auf der Straße? Ist Ihr Kind zum tausendsten Mal mit dreckverkrusteten Schuhen durch die ganze Wohnung gelaufen – inklusive über den Kaschmir-Teppich aus reiner Seide? Oder hat Ihr Nachbar wieder so laut Musik gehört, dass die Milch im Kaffee sauer geworden ist? Ganz ehrlich: Ich fühle in jedem dieser Punkte mit Ihnen und komme selbst schon richtig in Rage … Aber nein! Wir müssen unsere armen Nerven schonen! Denn, die Wahrheit ist leider, dass wir mit unserem Ärger weder den Postboten bestrafen, noch den Urlauber oder das Kind und auch nicht den Nachbarn. Sondern, wie die Worte „sich ärgern" oder „sich aufregen" schon nahelegen, bestrafen und schaden wir damit ausschließlich uns selbst und unserer Gesundheit. Wir riskieren auf längere Sicht Bluthochdruck, Magengeschwüre, Kopfschmerzen, Rückenschmerzen oder Schlimmeres, wenn wir uns zu oft und lange mit negativen Gefühlen beschäftigen.

Versuchen Sie deshalb, Unmut auslösende Situationen nicht als persönlichen Angriff zu sehen. Nur in den seltensten Fällen zielen lästige Ereignisse tatsächlich darauf ab, uns zu ärgern oder gar zu schädigen. In jedem Falle sollten wir, statt uns ausgiebig zu grämen, so schnell wie möglich nach einer unkomplizierten, praktischen Lösung suchen und auf diese Weise den Stein des Anstoßes für uns unschädlich machen. So könnten Sie beispielsweise Ihrem Nachbarn vorschlagen, zum Musik hören Kopfhörer zu benutzen, oder für sich selbst Ohrstöpsel besorgen. Den Urlauber können Sie auf jeden Fall so schnell wie möglich – meinetwegen unter Kopfschütteln – überholen und dem Postboten lauern Sie in Zukunft am besten erst später auf. Ihr Kind können Sie entweder gleich zur Adoption freigeben, oder es vorher noch einmal mit erzieherischen Maßnahmen versuchen. Wenn es seine Schweinereien oft genug selbst wegputzen musste, wird es vielleicht irgendwann die Schuhe ausziehen – wie gesagt: vielleicht.

Ziel der Übung sollte es jedenfalls sein, uns nicht in negative Gefühle hineinzusteigern und damit unserer eigenen Gesundheit und unserem Wohlbefinden zu schaden, sondern stattdessen praktisch zu denken, und sich zu fragen: Kann ich das Ärgernis möglichst schnell und effektiv beseitigen – wenn ja, wie? Und: Ist das Problem wirklich so groß und störend, wie ich es im ersten Moment empfinde, oder kann ich mit ein wenig mehr Geduld und Nachsicht durchaus darüber hinwegsehen? Manche Störfaktoren (z. B. langsames Autofahren, in einer Warteschlange stehen, etc.) lassen sich mit einer Portion guten Willens sogar zur Entspannung nutzen. In der Regel sind es doch recht kleine, unbedeutende Dinge, die uns aufregen und wir sollten uns immer wieder ermahnen, dass sie es nicht wert sind, unsere Gesundheit zu riskieren.

Natürlich sind nicht alle Ärgernisse banal und schnell zu lösen. Dennoch kann es im Alltag sehr nützlich sein, auch größere Probleme weniger emotional und mehr praktisch zu behandeln. Wenn es im Moment keine Lösung gibt, legen Sie das Thema am besten vorerst mental beiseite und lassen Sie sich davon nicht zu sehr vereinnahmen. Oft ergibt sich später, wenn man vielleicht am wenigsten daran denkt, ganz überraschend eine Lösung. Manchmal muss man einfach nur ein wenig Geduld aufbringen, die Dinge ihren Lauf nehmen und sich selbst klären lassen. So manches Problem erledigt sich im Laufe der Zeit tatsächlich von allein. Auch wenn uns das geduldige Warten vielleicht am schwersten fällt.

Versuchen Sie nicht, allen Themen auf den Grund zu gehen und sich endlos mit Warum-Fragen zu quälen. Manchmal bleibt uns nur, die Dinge so zu akzeptieren, wie sie sind und darauf zu vertrauen, dass sie auf diese Weise ihre Richtigkeit und ihren Sinn haben. Erlauben Sie sich in schwierigen Situationen auch einmal, einfach nur da zu sein, sich treiben zu lassen, die Verantwortung abzugeben und sich (von anderen Menschen, vom Schicksal, von Gott, oder, oder) tragen zu lassen. Häufig erschließt sich uns der Sinn einer bestimmten Begebenheit erst viel später. Auch werden wir durch Unwägbarkeiten in unserem Leben oft zu positiven Entwicklungsschritten angespornt, die wir sonst aus Bequemlichkeit oder Angst nie in Angriff genommen hätten.

Tipps für jeden Tag

- Untersagen Sie sich bewusst, sich zu ärgern oder aufzuregen, denn Sie bestrafen damit nur sich selbst. Versuchen Sie stattdessen, für Probleme und Störfaktoren eine möglichst unkomplizierte, praktische Lösung zu finden, oder legen Sie das Thema (vorerst) mental zur Seite.

- Versuchen Sie in Beruf und Alltag, Abläufe bereits im Vorfeld so zu organisieren, dass sie sich für alle Beteiligten so einfach und unkompliziert wie möglich gestalten.

- Regen Sie sich nicht über Personen oder Dinge auf, die Sie nicht ändern können. Es kann in solchen Fällen für uns sehr erleichternd sein, die Umstände anzunehmen wie sie sind. Wir haben nun einmal nicht auf alles und jedes einen Einfluss.

- Wenn eine Sache erledigt ist, belassen Sie es dabei und machen Sie sich keine weiteren Gedanken darüber.

- Wiederholen sich in Ihrer Arbeit, Familie oder im Freundeskreis immer wieder die gleichen Konflikte und drehen sich nervenaufreibende Argumentationen immer wieder um ähnliche Themen? Dann versuchen Sie, gemeinsam Vereinbarungen zu treffen, an die sich in Zukunft alle Beteiligten halten. Klare Regelungen sorgen oft erstaunlich effizient für ein friedliches Zusammenleben und verringern zermürbende Diskussionen und Ärger um die ewig gleichen Themen.

Nachgedacht

- Welche Situationen, Menschen oder Probleme bringen Sie so richtig in Rage? Wie reagiert Ihr Körper auf Ärger – mit Kopfschmerzen, Herzrasen, Übelkeit, Rückenschmerzen, Schwindel, Konzentrationsstörungen?

- Wie schwer fällt es Ihnen, Probleme, die Sie momentan nicht ändern können, ruhen zu lassen, ohne immer wieder darüber nachzugrübeln?

- Welche Menschen bewundern Sie für ihren Umgang mit Problemen und Ärgernissen?

Ihre Gesundheit hat oberste Priorität

In der ersten Hälfte unseres Lebens opfern wir unsere Gesundheit, um Geld zu erwerben, in der zweiten Hälfte opfern wir unser Geld, um die Gesundheit wiederzuerlangen. Und während dieser Zeit gehen Gesundheit und Leben von dannen.

Voltaire

Unser Körper soll vieles für uns leisten: Er soll hübsch ausschauen, keine Mängel aufweisen, uns jederzeit zuverlässig und mit voller Kraft zur Verfügung stehen, bei Blessuren schnell heilen, uns jede Ausschweifung verzeihen und nach Möglichkeit nicht altern. Mit Pflege und Gegenleistungen sind wir dagegen eher knauserig. Oft steht uns der Sinn nicht nach gesunder Ernährung – im Gegenteil, wir schädigen unseren Körper sogar vorsätzlich mit Nikotin, Alkohol oder anderen Drogen. Manche von uns betreiben einseitige oder Risiko-Sportarten, die sehr belastend für Knochen, Muskeln und Gelenke sein können und teilweise mit einer hohen Unfallgefahr verbunden sind. Hinzu kommen häufig noch andere gesundheitsschädigende Faktoren wie Schlafmangel, Stressbelastung oder das häufige Tragen schwerer Lasten.

In jungen Jahren ist unser Körper meist noch recht widerstandsfähig und verzeiht uns so manche Sünde, aber mit zunehmendem Alter spüren wir ihn immer häufiger: Kopf und Gelenke schmerzen öfters, Augenlicht und Gehör lassen nach, Bewegungen fallen uns schwerer, wir fühlen uns häufiger müde und weniger belastbar. Unsere persönliche Konstitution mit speziellen Anfälligkeiten sowie der natürliche Alterungsprozess tragen ihren Teil zu unserem körperlichen (Un-)Wohlsein bei.

Häufig nehmen wir unseren Körper erst dann richtig wahr und schenken ihm Beachtung, wenn wir krank sind, Schmerzen haben oder Leistungseinbußen feststellen. Dies empfinden wir dann meist als lästiges Übel, welches unsere schönen Pläne durchkreuzt und uns davon abhält, aktiv zu sein. Gerade auch wenn wir berufstätig sind, lassen wir uns oft nur ungern und mit schlechtem Gewissen krankschreiben. Schließlich ist uns bewusst, dass wir damit am Arbeitsplatz einen Engpass verursachen und unsere Arbeit nun zusätzlich auf den Kollegen lastet. Außerdem wollen wir nicht als zimperlich gelten, als jemand, der sich wegen jeder Banalität ins Bett legt. Dazu kommt häufig noch diese Zwickmühle: Wenn wir mit einem Infekt (z. B. Grippe, Erkältung, Magen-Darm-Grippe) zur Arbeit gehen, beschweren sich Kollegen meist (zu Recht), dass wir andere anstecken. Bleiben wir zu Hause, heißt es unter Umständen: „Er/Sie bleibt wegen jedem Schnupfen daheim."

So kommt zu den Krankheitssymptomen häufig noch der soziale Druck, schnell wieder gesund und leistungsfähig sein zu müssen.

Ein Großteil der Bevölkerung versucht zunächst körperliche Beschwerden so weit wie möglich zu ignorieren, oder sie mit einer Schmerztablette zu beseitigen. Das mag auch für kurze Zeit Linderung verschaffen, häufig taucht das Problem aber immer wieder und immer stärker auf. Denn Krankheiten und Schmerzen sind stets auch ein Hilferuf des Körpers und ein Zeichen dafür, dass er aus dem Gleichgewicht geraten ist. Betrachten Sie Krankheiten deshalb nicht als Ärgernis, sondern als hilfreiche Mitteilung, Ihres Körpers. Natürlich muss man nicht jedes Halsweh dramatisieren, aber gerade bei gehäuften und wiederholten Beschwerden, sollten Sie genau nach den Gründen forschen: Wie schaut Ihre Ernährung aus? Leiden Sie an Unverträglichkeiten? Nehmen Sie Medikamente ein, deren Nebenwirkungen Ihnen vielleicht zu schaffen machen? Bewegen Sie sich regelmäßig und halten sich an der frischen Luft auf? Schlafen Sie gut und ausreichend? Sind Sie in der Arbeit oder privat körperlich bzw. seelisch stark belastet? Oder, oder, oder.

Jetzt werden Sie vielleicht sagen: „Das ist ja alles schön und gut. Aber, selbst wenn ich weiß, woher meine Beschwerden kommen, heißt das ja noch lange nicht, dass ich daran auch etwas ändern kann." Das trifft zum Teil und in manchen Fällen sicherlich zu. Vielfach sind wir aber auch so in unseren Gewohnheiten festgefahren, dass wir nur meinen, daran nichts ändern zu können. In den allermeisten Fällen haben wir sehr wohl eine Wahl.

Gerade bei starker Stressbelastung sind wir in der Regel der Ansicht, es erwarten schließlich alle von uns, dass wir funktionieren wie Maschinen. Häufig definieren wir uns geradezu darüber und sind insgeheim stolz darauf, wie viel wir schaffen und ertragen können. Schließlich lässt es uns fleißig, pflichtbewusst und wichtig erscheinen, wenn wir immer schwer beschäftigt sind und vermeintlich überall gleichzeitig gebraucht werden. Eine solche Einstellung mag unserem Ego guttun, belastet auf Dauer allerdings massiv unsere Gesundheit und unser Wohlbefinden. Spielen Sie nicht den Helden! Sie müssen keinen Fleiß- oder Leidens-Wettbewerb gewinnen. In den meisten Fällen wird man Ihnen Ihren Einsatz ohnehin nicht danken und noch weniger werden Sie einen Orden erhalten. Versuchen Sie deshalb, in Ihrem Leben eine gesunde Balance aus Arbeit, Ruhe/Schlaf, Bewegung, Muse und schönen Erlebnissen zu schaffen.

Wenn Sie Ihre Beschwerden ignorieren oder ungesunde Lebensumstände nicht ändern, wird sich Ihr Körper im Laufe der Zeit wahrscheinlich durch immer stärkeres Unwohlsein und massivere

Signale so lange bemerkbar machen, bis er endlich erhört wird. Zu Beginn leiden Sie vielleicht „nur" unter regelmäßigen Kopf- oder Rückenschmerzen, später kommen Schlafstörungen und Schwindel hinzu. Das steigert sich unter Umständen weiter zu Magengeschwüren, Herzrhythmusstörungen und hohem Blutdruck bis hin zum Herzinfarkt.

Wie gesagt, es geht hier nicht darum, Bagatellen zu dramatisieren, aber man sollte eben auch nicht warten, bis es zu spät ist.

Gönnen Sie Ihrem Körper bei Erkrankungen vor allem auch Zeit und Ruhe, um wieder richtig gesund zu werden. Gerade dieser Punkt wird häufig vernachlässigt. Viele Patienten versuchen, die Krankheitssymptome mit Medikamenten so weit wie möglich zu unterdrücken, gönnen ihrem Körper aber keine Schonung, gehen zur Arbeit und treiben Sport. Dabei ist es oft die Ruhe, die der Körper am nötigsten bräuchte. So kann beispielsweise ein „harmloser" grippaler Infekt durch mangelnde körperliche Schonung verschleppt werden und in einer gefährlichen Entzündung des Herzmuskels, einer Lungen- oder Hirnhautentzündung resultieren. Auch eine Erkältung sollte daher in jedem Falle in Ruhe auskuriert werden.

Ebenso führen andere Beschwerden, wenn sie nicht ausgeheilt werden, häufig zu chronischen Erkrankungen.

Nehmen Sie sich deshalb im Krankheitsfalle bewusst (und ohne schlechtes Gewissen!) Zeit für Ihre Genesung. Verwöhnen Sie sich und kümmern Sie sich ausgiebig um Ihren bedürftigen Körper. Er hat es verdient und wird es Ihnen danken. Anschließend werden Sie sich umso wohler fühlen und sich mit neuer Energie Ihren Aufgaben widmen können. Davon profitieren auch Ihr Arbeitgeber und Ihre Familie langfristig wesentlich mehr, als wenn Sie sich und Ihre Gesundheit vernachlässigen, Sie sich frühzeitig aufarbeiten und ständig nur mit halber Kraft durch den Tag schleppen.

In jungen Jahren fühlen wir uns in der Regel körperlich fit und belastbar. Müdigkeit und Erschöpfung kennen wir kaum. Wir wiegen uns in der Illusion, dass wir Bäume ausreißen können und unsere Energiereserven unendlich sind. Unsere körperlichen Grenzen erfahren wir meist erst im späteren Alter oder wenn wir uns immer wieder zu viel zumuten.

Achten Sie Ihren Körper und dessen (beschränkte) Kapazitäten. Sie müssen niemandem beweisen, dass Sie außergewöhnlich leistungsfähig und belastbar sind. Wichtig ist, dass Sie sich gesund, zufrieden und ausgeglichen fühlen. Haushalten Sie mit Ihren Kräften, teilen Sie diese sinnvoll ein und legen Sie regelmäßig Pausen ein. Bitten Sie um Unterstützung, wenn Ihnen Belastungen über den Kopf wachsen. Setzen Sie Prioritäten und vermeiden Sie es, Energie mit Tätigkeiten zu verschwenden, die nicht wirklich nötig sind. So können gerade auch in Haushalt und Familie viele Arbeiten wegrationalisiert oder vereinfacht werden: unnötiges Bügeln von Wäsche (z. B. Bettwäsche, Unterwäsche etc.); wöchentliches Auto oder Fenster putzen; das Chauffieren der Kinder, wenn diese ebenso gut mit Fahrrad, Zug und Bus fahren können. Der Nachwuchs kann und sollte frühzeitig bestimmte Aufgaben in Haus und Garten übernehmen.

Nehmen Sie zusätzliche Belastungen wie Haustiere, aufwendige Garten- oder Balkonbepflanzung, Gäste einladen und Ähnliches nur dann auf sich, wenn es für Sie problemlos zu bewältigen ist und Ihnen wirklich guttut.

Halten Sie nicht unnötig an Gewohnheiten fest, sondern erleichtern Sie sich das Leben und schonen Sie Ihre Kräfte (gerade in stressreichen Phasen), wo immer sich eine Möglichkeit bietet.

Tipps für jeden Tag

- Zuerst wie immer die lästige Ermahnung: Achten Sie auf einen gesunden Lebensstil mit einer ausgewogenen, vitalstoffreichen Ernährung und genügend Bewegung. Meiden Sie weitgehend gesundheitsschädigende Substanzen wie Nikotin, Alkohol oder andere Drogen.

- Gönnen Sie Ihrem Körper ausreichend Ruhe, Schlaf und Entspannung – besonders auch in Krankheitsphasen. Und ganz wichtig: Tun Sie dies ohne schlechtes Gewissen!

- Meiden Sie Extremsportarten mit einem hohen körperlichen Verschleiß- und Verletzungsrisiko.

- Nehmen Sie regelmäßig empfohlene Vorsorgeuntersuchungen und Impfungen wahr.

- Achten Sie die begrenzten Kapazitäten Ihres Körpers und schonen Sie bewusst Ihre Kräfte. Organisieren Sie (in Überforderungssituationen) entlastende Hilfen und reduzieren bzw. vereinfachen Sie zu erledigende Aufgaben so weit wie möglich.

- Nehmen Sie (wiederkehrende) körperliche bzw. seelische Beschwerden ernst und forschen Sie nach den Ursachen. Konsultieren Sie entsprechende Fachpersonen (Ärzte, Heilpraktiker, Physiotherapeuten etc.).

- Probieren Sie (bei Bedarf und Interesse) verschiedene Entspannungsmethoden wie Progressive Muskelentspannung, Meditation oder Autogenes Training. Auch pflanzliche Präparate, beispielsweise mit Passionsblume, Lavendel oder Melisse, können sehr hilfreich sein bei innerer Unruhe, Ängsten und Schlafstörungen. Lassen Sie sich bei Bedarf von Ihrem Arzt oder Apotheker beraten.

Nachgedacht

- Unter welchen gesundheitlichen Beschwerden leiden Sie regelmäßig? In welchen Situationen treten diese verstärkt auf?

- Sind bei Ihren Eltern oder Großeltern schwere oder chronische Erkrankungen (z. B. Allergien, Rheuma, Asthma, Depressionen oder Krebs) aufgetreten?

- Gewohnheiten und Routinen geben unserem Leben Halt und Stabilität. Manche Gewohnheiten erweisen sich im Laufe unseres Lebens allerdings eher als hinderlich und kontraproduktiv. Welche eingefahrenen Routinen Ihres Alltags würden Sie gerne verändern? Was würde Ihnen viel Zeit und Mühe ersparen?

- Was sind Ihre größten inneren Antreiber, welche (vielleicht schon in der Kindheit verinnerlichten) Leitlinien setzen Sie am meisten unter Druck: „Ohne Fleiß kein Preis!", „Beeil dich!", „Mach es allen recht!", „Das geht noch besser – sei perfekt!", „Keine Schwäche zeigen!", oder, oder?

Ewige Jugend und Schönheit

„Jeder will alt werden, aber keiner will es sein."

Martin Held

Die durchschnittliche Lebenserwartung der Einwohner unseres Landes ist in den letzten Jahrhunderten deutlich angestiegen. Zu verdanken haben wir diesen Umstand vor allem gewaltigen medizinischen Fortschritten, günstigeren hygienischen Bedingungen sowie einer verbesserten Ernährung. 1871 betrug die durchschnittliche Lebenserwartung von Neugeborenen im Deutschen Reich gerade einmal 35,6 Jahre bei Jungen und 38,4 Jahre bei Mädchen. Bereits 1970 – also nur ein Jahrhundert später – hatten Neugeborene auf dem Gebiet der BRD durchschnittlich schon 67,4 bzw. 73,8 Lebensjahre vor sich. Danach stieg die durchschnittliche Lebenserwartung weiter und war im Jahre 2016 auf einem Stand von ca. 78 Jahren für Jungen und ca. 83 Jahren für Mädchen. (7)

Das ist zweifellos eine sehr erfreuliche Entwicklung. Doch wir möchten nicht einfach nur lange leben, wir wollen möglichst auch bis zum letzten Tag gesund, attraktiv und leistungsfähig bleiben. Die Medien versorgen uns jeweils mit den neuesten Tipps zum Anti-Aging: Anti-Aging Kosmetik, Anti-Aging Ernährung, Anti-Aging Medizin, Anti-Aging Sport. Stars und Prominente beweisen uns, dass es möglich ist, 20 Jahre jünger auszusehen – wenigstens zu besonderen Anlässen und auf retuschierten Hochglanzfotos. Uns suggeriert das: Falten, Cellulitis, schlaffes Bindegewebe, Fettpolster und Haarausfall müssen nicht sein. Wer etwas auf sich hält und sich genug anstrengt, bekommt das in den Griff und kann sich ein makelloses Erscheinungsbild bis ins hohe Alter erhalten. Wer das nicht schafft, fühlt sich unter Umständen als Versager.

Die Fortschritte in Medizin und Kosmetik haben uns nicht nur Schutzimpfungen, Organtransplantationen, Antibiotika und Läuseshampoo gebracht, sondern auch Schönheitsoperationen, Anti-Falten-Creme und Haarfärbemittel.

Noch vor 200 und weniger Jahren verstarb ein beträchtlicher Teil der Bevölkerung an Infektionskrankheiten, die wir heute zum Teil kaum noch kennen (z. B. Diphtherie, Kinderlähmung, Typhus, Keuchhusten, Pest, Tuberkulose, Grippe, Ruhr). Operationen und Amputationen wurden ohne Narkose durchgeführt, Zähne ohne Betäubung gezogen. Gegenwärtig meist gut behandelbare Fälle wie Blindarmentzündungen, Wundinfektionen oder Komplikationen bei Geburten bedeuteten für Menschen der damaligen Zeit häufig das Todesurteil.

Heute steht uns nicht nur ein breites Spektrum an Medikamenten, Operationen oder Physiotherapien zur Verfügung, auch Ersatzteile und Hilfsmittel wie künstliche Gelenke, Zahnprothesen, Herzschrittmacher, Gefäßprothesen, Brillen, Hörgeräte etc. verlängern und erleichtern unser Dasein. Die Medizin arbeitet also erfolgreich daran, unseren Traum von einem langen, vitalen Leben zu verwirklichen. Tatsächlich bestätigen Studien immer wieder, dass sich viele Menschen heute deutlich jünger fühlen, als es ihrem wirklichen Alter entspräche. Und wer sich jung fühlt, möchte auch so ausschauen. Medizin und Kosmetikindustrie geben ihr Bestes, uns auch diesen Wunsch zu erfüllen. Von verschiedensten Cremes über Permanent-Make-up, Botox und Liftings bis hin zum Fettabsaugen wird einiges geboten.

Natürlich kann man Eitelkeit als menschliche Eigenschaft kritisieren und das Bedürfnis nach Attraktivität als oberflächlich bezeichnen. Die andere Frage ist, ob uns das wesentlich weiter bringt. Menschen hatten wohl schon immer und in allen Kulturen das Bedürfnis, einem bestimmten Schönheitsideal zu entsprechen, und sich ansehnlich zu schmücken.

Denken wir beispielsweise an die blasse Porzellanhaut, die im Zeitalter der Renaissance angestrebt wurde, und in vielen Fällen nur durch die Verwendung einer giftigen, schwermetallhaltigen Pomade mit Bleiweiß und Quecksilber zu erzielen war. Eine weitere eindrückliche Mode bildete später die durch ein enges Korsett in Form gepresste Wespentaille bei Frauen. Oder erinnern wir uns an die üppigen, gepuderten Perücken des Rokoko, die ausladenden Herrenbärte der Kaiserzeit und hochhackige, gesundheitsschädigende Absatzschuhe in der heutigen Damenmode. Die Liste könnte man endlos fortführen mit Tätowierungen, Piercings, Brustimplantaten und, und, und.

Ebenso lassen sich in anderen Kulturen unzählige Beispiele für das Streben nach Schönheit finden. Ein extremer und sehr schmerzhafter Brauch war das Brechen und Abbinden der weiblichen Füße in der Kaiserzeit Chinas, um die als besonders attraktiv geltenden „Lotosfüße" zu erhalten.

Das Bergvolk der Padaung in Myanmar verlängert die Hälse der Frauen durch das Einsetzen von Metallspiralen.

In manchen Volksstämmen Äthiopiens gelten „Tellerlippen" als besonders attraktiv. Für dieses Schönheitsideal werden Mädchen am Ende der Pubertät Tonscheiben in die Unterlippe eingepflanzt.

Und nicht zuletzt lassen sich manche Männer in China Metall in die Beinknochen einsetzen, um an Körpergröße zu gewinnen.

Vor diesem Hintergrund erscheint das Streben nach Jugend und Attraktivität in unserer Gesellschaft gar nicht mehr so spektakulär. Moderne Medizin und Technik mögen unsere Möglichkeiten verändert und erweitert haben, aber die dahinter stehenden Bedürfnisse sind wohl einfach typisch menschlich. Und wahrscheinlich haben

Menschen zu jeder Zeit und an jedem Fleck der Erde mehr oder weniger unter Druck gestanden, einem bestimmten Ideal an Schönheit gerecht zu werden.

Sich selbst attraktiv zu finden, ist für die meisten Menschen von zentraler Bedeutung und trägt entscheidend zu deren Wohlbefinden und Selbstwertgefühl bei. Personen, die weniger hohe Ansprüche an sich und ihr Erscheinungsbild stellen, leben sicherlich meist ruhiger und zufriedener. Deshalb bekommen weniger selbstbewusste Menschen häufig den gut gemeinten Ratschlag, sich doch einfach so anzunehmen und schön zu finden, wie sie sind. Das mag einigen Glücklichen gelingen, viele allerdings wünschen sich weiterhin Veränderungen. Wieso sollten diese Menschen dann nicht die Möglichkeiten der heutigen Medizin, Kosmetik und Technik nutzen, um ihr Wunschbild von sich selbst zu verwirklichen? In unserer Gesellschaft herrscht in dieser Hinsicht eine gewisse Doppelmoral: Einerseits werden Jugend und Schönheit als Ideal bewundert und propagiert, gleichzeitig werden aber häufig Personen kritisiert, die diese Werte für sich selbst umsetzen wollen und sich zu Veränderungen entschließen.

Wir leben in einem individualistischen Zeitalter, in dem jedem von uns zahlreiche Wege offen stehen, seine ganz persönlichen Vorstellungen und Ziele in die Tat umzusetzen. Natürlich muss sich dabei jeder auch der Risiken bewusst sein, die größere Eingriffe (wie z. B. plastische Operationen) und Veränderungen mit sich bringen können und dafür entsprechend die Verantwortung übernehmen. Wägen Sie deshalb genau ab, welche Kriterien für Sie und Ihr Wohlbefinden wirklich wichtig sind und in welcher Hinsicht Sie sich vielleicht zu sehr von Modeerscheinungen oder Ihren Mitmenschen beeinflussen lassen. Der Maßstab für Ihre Entscheidungen sollte immer Ihre eigene Lebensqualität sein, nicht das Zufriedenstellen anderer oder das Folgen von Trends, die sich regelmäßig wandeln.

Zum Schluss noch eine versöhnliche Nachricht. Umfragen zufolge fühlen sich die meisten Deutschen im mittleren und hohen Alter wesentlich jünger, als sie tatsächlich sind. Der Alterungsprozess fällt uns bei unseren Mitmenschen in der Regel viel deutlicher auf, als bei uns selbst. Treffen wir ehemalige Schulkameraden nach längerer Zeit wieder, verfallen wir oft regelrecht in Schockstarre darüber, wie sehr diese sich altersbedingt verändert haben.

Selbst hochbetagte Senioren werden nur ungern als solche gesehen und bezeichnet. Sie äußern häufig, sie könnten überhaupt nicht begreifen, dass sie selbst schon so alt seien und beispielsweise 20jährige Urenkel haben.

Die Natur hat es also scheinbar gnädigerweise so eingerichtet, dass wir uns selbst lange jung und frisch fühlen – auch wenn unsere Umwelt das vielleicht etwas anders sieht.

Tipps für jeden Tag

- Da sich unser Körper in der Nacht regeneriert, ist ausreichend ungestörter Schlaf ein essentieller Faktor zur langjährigen Erhaltung von Gesundheit und Attraktivität.

- Ebenso wichtig sind: eine gesunde, vitalstoffreiche Ernährung, Verzicht auf Nikotingenuss und Alkohol im Übermaß. Meiden Sie außerdem längere Aufenthalte in schadstoffbelasteter Luft.

- Falls Sie Veränderungen Ihres Äußeren anstreben, unterscheiden Sie genau, ob diese Ihrem eigenen Wohlbefinden zugutekommen sollen, oder ob Sie sich bei Ihrem Vorhaben von Modeerscheinungen beziehungsweise den Wünschen anderer leiten lassen. Ausschlaggebend sollten immer Ihre persönlichen Bedürfnisse sein.

- Lassen Sie sich bei medizinischen Eingriffen ausführlich über gesundheitliche Risiken aufklären und wägen Sie diese gründlich ab. Ziehen Sie verschiedene Alternativen in Betracht.

- Kein anderer Körperteil repräsentiert unser Alter und unseren Gesundheitszustand so sehr, wie unsere Haut – inklusive Bindegewebe. Um sich möglichst lange ein attraktives, jugendliches Erscheinungsbild zu bewahren, sollten Sie schon in jungen Jahren damit beginnen, ihre Haut intensiv zu pflegen, und vor lichtbedingter Hautalterung zu schützen. Zu häufiges Baden oder Duschen trocknet die Haut aus und beeinträchtigt ihre natürliche Schutzbarriere. Zum Erhalt eines straffen Bindegewebes spielt das Spurenelement Silizium (z. B. in Kieselerde) eine bedeutende Rolle. Außerdem sollte die Nahrung ausreichend Antioxidantien enthalten, da diese zellschädigende freie Radikale neutralisieren. Einen besonders hohen Gehalt an Antioxidantien findet man unter anderen in Kaffee, grünem und schwarzem Tee, Blaubeeren, Äpfeln, Tomaten und Nüssen.

- Empfehlenswert in der Gesundheits- und Schönheitspflege ist zweifellos die Grundregel: Lieber effektiv vorbeugen, als Rettungsaktionen im Nachhinein.

- Besondere Attraktivität verleihen einem Menschen – ungeachtet des Alters – charakterliche Eigenschaften wie Freundlichkeit, Zufriedenheit, Gelassenheit, Humor, Großzügigkeit und Lebensfreude.

Nachgedacht

- Welche Gefühle löst der Anblick eines besonders attraktiven Menschen in Ihnen aus? Unterscheidet sich Ihre Reaktion je nachdem, ob es sich dabei um eine Frau oder einen Mann handelt?

- Wie sehr strengt es Sie an, nach Außen ein bestimmtes Bild von sich zu vermitteln?

- Welche optischen Eigenschaften missfallen Ihnen an anderen Menschen am meisten? Welche Charaktereigenschaften verbinden Sie eventuell damit?

- Ist Eitelkeit unsere größte Motivation und Produktivkraft? Zu welchen Leistungen und positiven Veränderungen hat Sie Ihre Eitelkeit im Laufe des Lebens angespornt?

- Passt Ihr Erscheinungsbild zu Ihrer Selbstwahrnehmung?

- Grübeln Sie häufig darüber nach, was andere von Ihnen denken?

- Welche Werte möchten Sie mit Ihrem Stil und Ihrem Auftreten verkörpern? Wie möchten Sie auf andere wirken?

- Eine Lebensweisheit lautet: „Wie du kommst gegangen, so wirst du empfangen." Können Sie das bestätigen? Haben Sie Ihr Äußeres im Laufe Ihres Lebens verändert, um die gewünschte Reaktion von Ihren Mitmenschen zu erhalten?

- Was streben Sie eher an: modekonform zu sein, oder individualistisch?

Glaubensfragen

„Ich glaube nicht an ein Leben nach dem Tod, obwohl ich ein paar Unterhosen zum Wechseln mitnehmen werde."

Woody Allen

So unterschiedlich die Menschen und deren Geschichte in einzelnen Teilen unserer Erde sind, so unterschiedlich sind auch ihre Glaubensbekenntnisse. Die Menschheit hat im Laufe ihrer Existenz eine unüberschaubare Vielfalt an Religionen und Weltanschauungen hervorgebracht, von denen uns in der Regel nur die am weitesten verbreiteten überhaupt bekannt sind. Oder haben Sie schon einmal etwas von Zoroastrismus, Tengrismus, Santeria oder Ratana gehört? Nein? Ich auch nicht. Dabei haben diese Religionen für deren Anhänger eine ähnliche Bedeutung wie für andere Bevölkerungsgruppen das Judentum oder Christentum, der Buddhismus, Hinduismus oder Islam.

Die verschiedenen Glaubensrichtungen entwickeln sich aus der jeweiligen Geschichte, den Lebensbedingungen, Interessen und Wertvorstellungen einer Bevölkerungsgruppe. Die Gläubigen bilden eine Gemeinschaft, die den einzelnen Mitgliedern in der Regel ein Zugehörigkeitsgefühl, Unterstützung, Hoffnung und Geborgenheit bieten. In verschiedenen Ritualen und Festen wird der Glaube gefeiert und damit die Gemeinschaft gestärkt. Eine Religionszugehörigkeit gibt den Menschen im Idealfall Orientierung, Kraft, Halt sowie Zuversicht und erfüllt damit einen guten Zweck.

Dennoch ist ein Glaube keine Tatsache oder natürliche Gegebenheit, sondern – wie der Name sagt – eben ein Glaube. Es handelt sich also zumindest teilweise um ein Konstrukt des menschlichen Gehirns beziehungsweise das Erahnen einer transzendenten Wirklichkeit, die (mit unseren heutigen Möglichkeiten) nicht zu beweisen ist und der man sich entweder anschließen kann oder eben auch nicht. Entsprechend widersinnig ist es, wenn die Mitglieder einer Religion beanspruchen, ihr Glaube sei der einzig Wahre und Richtige. Immer wieder haben verschiedene Religionsanhänger in der Weltgeschichte versucht, andere Menschen von ihrem Glauben zu überzeugen und diese zu bekehren (vor allem im Christentum, Islam, Hinduismus und Buddhismus) – wenn nötig mit Gewalt. Oft wurde und wird ein Glaubensbekenntnis lautstark, aggressiv bis militant vertreten und dazu missbraucht, auf andere Menschen Macht auszuüben oder diese zu schädigen. Denken wir beispielsweise an die christlichen Kreuzzüge oder islamische Selbstmordattentäter. Selbst in unserer heutigen modernen und vermeintlich toleranten Zeit erleben wir immer wieder, wie Gläubige verschiedener Religionen sich selbst als bessere, erleuchtete Menschen betrachten, während Andersgläubige beziehungsweise Atheisten abgewertet, abgelehnt oder ausgeschlossen werden.

So fühlen wir uns manchmal genötigt, zu religiösen Themen Stellung zu nehmen, oder uns für unseren eigenen Glauben beziehungsweise Nichtglauben rechtfertigen zu müssen. Das fällt uns unter Umständen schwer, da ein Glaube etwas sehr persönliches ist, dass auf Gefühlen basiert und kaum mit Daten und Fakten erklärt werden kann.

Lassen Sie sich mit entsprechenden Fragen oder Forderungen nicht unter Druck setzen. Ihr Glaube ist und bleibt Ihre Privatangelegenheit – so lange Sie niemanden damit schädigen. Entscheidend für eine Religionszugehörigkeit sollte einzig und allein die Frage sein, ob der jeweilige Glaube zu Ihrem Wohlbefinden beiträgt, Ihnen Halt und Geborgenheit vermittelt.

Die Faktoren, die unsere Lebensqualität maßgeblich positiv beeinflussen, sind individuell sehr verschieden. Manche Menschen beziehen Kraft und Hoffnung aus einer Religion, für andere ist ihr „Lebensanker" vielleicht der geliebte Lebenspartner, die Kinder, ein Haustier, ein Andenken, die Natur, oder, oder. Was Sie persönlich stärkt und nährt, entscheiden Sie ganz allein.

Beispiel Johann Röder: *Johann wurde 1959 in einem katholisch geprägten Landstrich Baden-Württembergs geboren. Mit seinen Eltern und drei Geschwistern bewohnte er ein geräumiges Haus, in dessen Erdgeschoss die Eltern eine erfolgreiche Schneiderwerkstatt betrieben. Johanns Eltern waren sehr gläubig, vor jeder Mahlzeit wurde gebetet und jeden Sonntag die Heilige Messe in der Dorfkirche besucht. Der Junge wurde regelmäßig ermahnt, artig zu sein, denn Gott sei überall und sehe alles. Im Elternhaus hing in fast jedem Raum ein Kreuz, auch über dem Esstisch in der Küche. Die Holzkreuze mit dem leidenden Jesus bereiteten Johann schon in jungen Jahren Unbehagen und er hatte oft ein schlechtes Gewissen, dass der arme Jesus für seine Sünden auf so brutale Weise sterben musste. Dabei gab sich der Junge doch ohnehin die größte Mühe, lieb und brav zu sein. Aber egal, wie oft er betete und wie sehr er darauf bedacht war, alles gut und richtig zu machen, an jedem Sonntag mahnte der Pfarrer erneut von der Kanzel, dass die Gemeindemitglieder zutiefst versündigt seien und alle hatten das Schuldbekenntnis zu sprechen: „Ich bekenne Gott, dem Allmächtigen, und allen Brüdern und Schwestern, dass ich Gutes unterlassen und Böses getan habe – ich habe gesündigt in Gedanken, Worten und Werken, durch meine Schuld, durch meine Schuld, durch meine große Schuld …". Johann konnte sich kaum vorstellen, dass alle Bewohner des Dorfes innerhalb einer Woche derart viel Schuld auf sich geladen hatten. Was ging da hinter verschlossenen Türen nur vor? Johann grauste es beim Gedanken daran. Auch seine Eltern sah er eigentlich nur arbeiten, essen und beten. Wann und wo verübten sie all die schweren Sünden? Vielleicht würden sie ihn irgendwann in der Nacht mit einem Kissen ersticken oder im Teich ertränken.*

Die Gottesdienstbesuche auf den harten Bänken in der eisigen Kirche, wo kaum gesprochen und noch weniger gelacht werden durfte, die unverständlichen Bibeltexte, sowie die ewig mahnenden Worte des Pfarrers – das alles ließ Johann im Laufe der Jahre immer mehr zu der Überzeugung gelangen, dass der „liebe Gott" nicht besonders lieb sein konnte, wenn er seinen Schäfchen das Leben so schwer machte.

Ein wesentlicher Bestandteil vieler Religionen ist eine bestimmte Vorstellung von einem Leben nach dem Tod. So glauben Christen und Muslime an ein Weiterleben im Himmel/Paradies oder in der Hölle, Buddhisten und Hinduisten dagegen an einen Zyklus von Wiedergeburten (Reinkarnationen). Beweise gibt es auch hier nicht. Das heißt, Sie können auch auf diesem Gebiet frei entscheiden, woran Sie glauben möchten. Sie wünschen sich nichts sehnlicher, als nach dem Tode mit einem geliebten verstorbenen Angehörigen wiedervereint zu sein? Dann glauben Sie ganz fest daran! Die Hoffnung wird Sie stärken und Ihnen Trost spenden.

Vielleicht erfreut Sie auch der Gedanke, nach dem Tod in einem schön bepflanzten Grab endlich einmal gründlich ausschlafen zu können und einfach nur Ihre Ruhe zu haben. Warum nicht? Die Gedanken sind frei!

Sie sind niemandem Rechenschaft darüber schuldig, woran Sie glauben – oder auch nicht! Wichtig ist nur, dass Ihr Glaube für Sie ganz persönlich gut und stimmig ist und Sie damit niemanden negativ beeinflussen oder versuchen, andere zu bekehren.

Tipps für jeden Tag

- Fühlen Sie sich nicht genötigt, sich (kritiklos) einer bestimmten Glaubensgemeinschaft anzuschließen, sondern leben Sie nach Werten und Maßstäben, die für Sie selbst wichtig und sinnhaft sind.

- Ihre Glaubensgrundsätze sind Ihre Privatangelegenheit – Sie müssen sich vor niemandem dafür rechtfertigen.

- Pflegen Sie Glaubensrituale im Alltag, die Ihnen Halt und Kraft geben.

- Respektieren Sie das religiöse Leben anderer Menschen, so lange diese damit niemanden schädigen oder intolerant anderen gegenüber auftreten.

Nachgedacht

- Welche Dinge oder Ereignisse lassen Sie an eine höhere, transzendente Macht glauben?

- Wenn Sie mit Gott sprechen könnten, was würden Sie ihn gerne fragen?

- Welche, Ihnen bekannten Lebensweisheiten, Gebete oder Bibeltexte sprechen Sie besonders an, geben Ihnen Kraft und Zuversicht?

- Wie wichtig ist Ihnen der Glaube an ein Leben nach dem Tod? Haben Sie eine Vorstellung von Ihrem „idealen Himmel", und wen hoffen Sie dort vielleicht wiederzusehen?

- Welchen Glaubensmodellen sind Sie in Ihrem bisherigen Leben begegnet – was war Ihnen daran besonders sympathisch bzw. unsympathisch? Haben Sie bestimmte Elemente in Ihr persönliches Glaubenssystem übernommen? Auf welche Werte, Bilder und Hoffnungen möchten Sie Ihre Zukunft aufbauen?

Keiner muss alles wissen und können

„Der Mensch lernt, solange er lebt, und stirbt doch unwissend. "

Sprichwort

Bis vor ca. 200 Jahren gab es immer wieder Universalgelehrte, die für ihr vielseitiges Wissen auf verschiedensten Gebieten bekannt waren und heute noch sind, wie beispielsweise Aristoteles, Leonardo da Vinci, Gottfried Wilhelm Leibnitz, Johann Wolfgang von Goethe oder Alexander von Humboldt. So war der 1452 in der italienischen Toskana geborene Leonardo da Vinci nicht nur Maler und Bildhauer, sondern auch Naturphilosoph, Architekt, Anatom und Ingenieur.

Nach dem 19. Jahrhundert ging die Anzahl der Universalgenies deutlich zurück, weil der Umfang an Wissen in den einzelnen Disziplinen (Biologie, Geografie, Theologie, Medizin, etc.) rasant zunahm. Heute ist es Gelehrten kaum noch möglich, auch nur ein einziges Fachgebiet vollständig zu erfassen. Die stetig zunehmende Datenmenge macht eine immer größere Spezialisierung von Fachleuten notwendig.

Wir befinden uns also in guter Gesellschaft, wenn wir manchmal das Gefühl haben, der Menge an Informationen, die tagtäglich auf uns einströmt, einfach nicht mehr Herr zu werden. Oft schwirrt uns regelrecht der Kopf vor lauter Zahlen und Fakten, von denen die Hälfte morgen schon wieder veraltet ist. Die erste Hürde ist schon das Aussortieren nach wichtigen Daten und solchen, die vernachlässigt werden können. Dabei fühlen wir uns verpflichtet, ständig auf dem Laufenden zu bleiben – schließlich wollen wir nichts verpassen oder gar als ignorant und hinterwäldlerisch gelten. Gerade auch im Beruf müssen wir permanent auf dem neuesten Stand sein.

Aber, so sehr wir auch bestrebt sind, möglichst viel in unserem Kopf zu speichern, es ist ein schlicht unmögliches Unterfangen, auf sämtlichen Gebieten die aktuellsten Informationen zu verfolgen. Wir sind also gezwungen, dem Vorbild der Gelehrten zu folgen und uns zu spezialisieren. Wollen wir uns in der Datenflut nicht vollkommen verzetteln und verlieren, müssen wir die eintreffenden Fakten genau filtern.

Fragen Sie sich, welche Informationen für die verschiedenen Bereiche Ihres Lebens (Beruf, Wohnung, Kinder, Freizeit, …) wirklich von Bedeutung sind. Hinzu kommen natürlich die Themen, die Sie aus Interesse verfolgen möchten. Vernachlässigen Sie andere Bereiche ohne schlechtes Gewissen. Wer berufstätig ist, sich um Familie, Wohnung/Haus, eventuell Garten, Auto und Haustiere etc. kümmern muss, findet unmöglich die Zeit, daneben auch noch über sämtliche wissenschaftlichen, kulturellen, politischen und, und, und Themen auf dem Laufenden zu bleiben. Die Erde wird sich auch dann weiterdrehen, wenn Sie nicht wissen, dass gestern in der Mongolei eine Frau Vierlinge geboren hat oder dass Isländer bevorzugt blaue Unterhosen tragen. Ebenso wird es für die Weltgeschichte kaum einen Unterschied machen, ob Sie sich mit Meeresbiologie oder Atomphysik befassen, wenn Sie sich nicht wirklich dafür interessieren.

Oft ist es für uns unangenehm oder beschämend, wenn wir bei einem Thema nicht mitreden können. Wir hoffen dann, dass uns keiner Fragen stellt und wir nicht als dumm und ungebildet entlarvt werden. Rufen Sie sich in solchen Fällen bitte ins Gedächtnis, dass sich keiner von uns auf allen Gebieten auskennt und jeder auf anderen Gebieten Wissenslücken hat. Gehen Sie deshalb ganz souverän mit entsprechenden Themen um: Sagen Sie offen und ehrlich, dass Sie sich in diesem oder jenem Fach wenig auskennen oder sich nicht dafür interessieren und es deshalb auch nicht beurteilen können. Sie werden überrascht sein, wie viel Sympathie und Achtung Sie dafür von Ihren Mitmenschen ernten, denn andere kennen diese Situation selbst gut genug. Jeder von uns hat seine eigenen Vorlieben, Stärken und Schwächen und das ist auch gut so.

Ebenso wenig, wie wir alles wissen müssen, brauchen wir nicht immer Recht haben. Manche Menschen empfinden es als schreckliche Schmach, zugeben zu müssen, wenn sie in einem Punkt Unrecht haben. Häufig winden sich diese Personen dann und versuchen verzweifelt, das Thema so zu drehen, dass sie am Ende doch noch irgendwie im Recht sind. Es kann für andere geradezu schmerzvoll und peinlich sein, solche Manöver mitanzusehen beziehungsweise mitzuhören. Die betreffenden Personen betrachten jede Argumentation als Wettbewerb, den sie gewinnen müssen.

Für alle Beteiligten viel entspannter und souveräner verlaufen Gespräche in der Regel, wenn keiner viel Wert darauf legt, Recht zu haben, sondern es stattdessen vielmehr um einen interessanten und anregenden Austausch geht – zumal es bei den meisten Themen ohnehin mehrere „richtige" Sichtweisen und Meinungen gibt. Wir schaffen eine wesentlich angenehmere und fruchtbarere Gesprächsatmosphäre, indem wir anderen aufmerksam und mit ehrlichem Interesse zuhören und gegebenenfalls Fragen stellen, statt innerlich ständig damit beschäftigt zu sein, wie wir uns selbst am günstigsten präsentieren können. Sie werden feststellen, dass Ihnen Ihre Gesprächspartner ein solches Verhalten deutlich höher anrechnen, als wenn Sie sich selbst ständig im vermeintlich besten Licht darstellen.

Tipps für jeden Tag

- Versuchen Sie erst gar nicht, in jedem Bereich auf dem aktuellen Stand zu sein. Konzentrieren Sie sich auf Informationen, die für Sie persönlich bedeutsam sind. Vernachlässigen Sie andere Fakten ohne schlechtes Gewissen.

- Geben Sie Wissenslücken offen zu und lassen Sie sich bei Gelegenheit gerne von anderen aufklären.

- Erlauben Sie sich, Ihre Interessen im Laufe der Zeit zu verändern und weiterzuentwickeln. Das trifft auch für die Mitgliedschaft in Vereinen, Parteien und Ähnlichem zu.

- Setzen Sie sich nicht mit dem Anspruch unter Druck, immer Recht haben zu müssen, oder wenigstens verpflichtet zu sein, einen wertvollen Beitrag zu jedem Gespräch zu leisten. Sie dürfen sich auch einfach nur entspannt zurücklehnen und zuhören. Das hat auch für Ihre Gesprächspartner oft einen wesentlich höheren Wert, als ein verkrampfter Wettbewerb darum, wer am schlausten ist und sich am vorteilhaftesten präsentiert.

Nachgedacht

- Gegen welche Themen hegen Sie eine besonders große Abneigung? Welche Konsequenzen hätten Sie zu fürchten, wenn Sie sich mit diesen nur noch sehr sporadisch befassen würden?

- Reden Sie gerne selbst oder hören Sie lieber anderen zu?

- Inwiefern haben sich Ihre Interessen in den letzten Jahren oder Jahrzehnten verändert? Gibt es Themen, für die Sie früher „Feuer und Flamme" waren, die für Sie aber jetzt kaum noch eine Rolle spielen?

- Verzichten Sie in Gesprächen zugunsten der Harmonie manchmal darauf, Ihre ehrliche Meinung zu sagen?

- Haben Sie Bekannte, die häufig und ausführlich über Themen sprechen, die Sie nicht oder kaum interessieren? Haben Sie ihnen das schon einmal gesagt? Wie lange hören Sie aus Höflichkeit zu? Mit welchen Methoden beenden Sie das Gespräch irgendwann?

- Was fällt Ihnen schwerer: anderen zuzustimmen oder zu widersprechen?

Druck im Berufsleben

Wir hören häufig Berichte von Arbeitnehmern, die über zunehmenden Leistungsdruck, eine steigende psychische Belastung im Beruf, Erschöpfung und ausgebrannt sein („Burn-out") klagen. Vielleicht haben Sie selbst ähnliche Erfahrungen gemacht. Auch hat eine Erwerbstätigenbefragung im Jahr 2012 ergeben, dass gerade die Faktoren „starker Termin- und Leistungsdruck", „sehr schnell arbeiten" zu müssen, „bei der Arbeit gestört und unterbrochen" zu werden sowie „verschiedenartige Arbeiten gleichzeitig betreuen" zu müssen, als besonders belastend empfunden wurden. Andere ungünstige Arbeitsbedingungen wie Lärm, Kälte, das Heben schwerer Lasten oder sehr monotone Arbeiten wurden im Vergleich dazu als wesentlich weniger beeinträchtigend eingestuft. (8)

Nerven- und psychische Erkrankungen sind mittlerweile auch der häufigste Grund für eine diagnostizierte Berufsunfähigkeit, beziehungsweise verminderte Erwerbsfähigkeit – gefolgt von Krankheiten des Skelett- und Bewegungsapparates. Arbeitnehmer klagen zunehmend über Erschöpfung, Müdigkeit und Schlafstörungen. Den zweithäufigsten Beschwerdekomplex bilden Rückenschmerzen. (9)

Mit den drastischen Veränderungen unserer gesamten Lebenswelt in den vergangenen Jahrhunderten hat sich auch das Berufsleben maßgeblich gewandelt. Viele körperlich schwere, monotone oder gesundheitsgefährdende Arbeitsplätze in der Landwirtschaft, im Handwerk, in Fabriken oder Bergwerken sind im Laufe der Zeit weggefallen oder dank Technisierung wesentlich erleichtert worden. Waren noch bis ins 20. Jahrhundert Kinderarbeit, Hungerlöhne und Arbeitstage bis zu 16 Stunden gang und gäbe, werden Arbeitnehmer heute durch zahlreiche Gesetze und Absicherungen geschützt.

Zu Beginn des 20. Jahrhunderts war hierzulande noch der größte Teil der Erwerbstätigen (ca. 38 %) in der Landwirtschaft beschäftigt, in Österreich und in der Schweiz lag der Anteil noch höher. Die Beispiele in diesem Kapitel beziehen sich daher auch häufig auf diese Bevölkerungsgruppe.

Der Historiker Dr. Peter Klammer erläutert die Bedingungen für landwirtschaftliche Dienstboten zu Beginn des 20. Jahrhunderts in Österreich folgendermaßen:

„Die Arbeitszeit der Dienstboten war lang. Die Knechte und Mägde arbeiteten zwölf bis sechzehn Stunden am Tag und kamen so auf achtzig bis hundert Stunden in der Woche. Gewisse Arbeiten wie Stallarbeiten mußten auch an Sonn- und Feiertagen verrichtet werden. Die Arbeitszeit war nicht durch eine tägliche Stundenzahl geregelt, sondern hing von der Jahreszeit und von der Notwendigkeit der zu verrichtenden Arbeit ab ...

Das Recht auf körperliche Züchtigung war in der Dienstbotenordnung ausdrücklich festgelegt. Es stand dem Dienstgeber als Strafmittel zu, wurde aber auch von älteren Dienstboten gegenüber jüngeren ausgeübt ...

Die Kleidung der Mägde war äußerst bescheiden. Die Arbeitsbekleidung war vielfach geflickt, zum Wechseln war oft keine Wäsche vorhanden. Oftmals schämten sich die Mägde deswegen. Das Sonntagsgewand wurde besonders gepflegt, musste es doch jahrelang getragen werden. Die Dienstbotenordnung sah ausdrücklich vor, dass jeder unangemessene Aufwand an der Kleidung zu vermeiden war ...

Auch die Körperpflege war für weibliche Dienstboten besonders schwierig. Mit dem Wasser musste gespart werden. Manchmal war es schon zu viel, wenn das Wasser zum Waschen erwärmt wurde. Meistens war kein Platz vorhanden, um sich ungestört waschen zu können. Es musste versteckt und im Verborgenen geschehen, so verlangten es die Moralbegriffe ...

Die Kost war der eigentliche Hauptbestandteil des Lohns der Dienstboten. Schlechte Kost war eine häufige Ursache für den Dienstplatzwechsel ...

Auffallend hoch war der Unterschied in der Höhe des Geldlohnes zwischen Knechten und Mägden. Knechte erhielten meist einen doppelt so hohen Lohn wie Mägde. Neben dem Geldlohn war meist noch folgende Naturalentlohnung üblich: ein Jahrgewand, zwei Paar Schuhe, zwei Hemden und ein Paar Strümpfe." (10)

Aber auch in anderen Arbeitsbereichen waren die Bedingungen häufig nicht viel besser. Rudolf Kikels Schilderung seiner Lehrzeit bei einem Schmied in Klagenfurt illustriert eindrücklich die Arbeits- und Lebensbedingungen der damaligen Zeit:

„Ende Juni kam ein Schreiben von der Innung, ich solle mich beim Schmiedemeister Hafner in Klagenfurt melden ...

Als ich dann am Montag nach Klagenfurt in die Werkstatt kam, zeigte mir der Geselle mein Zimmer. Es war ein durch eine Bretterwand von der Werkstatt getrennter Raum, eineinhalb mal zwei Meter, ohne Fenster. Das Licht kam durch den Gang vom anderen Raum, wo der Geselle schlief. Da stand ein Eisenbett mit Strohsack, darin zwei Decken und ein Polster, und ein Stuhl. Da ich an solch eine Einrichtung ja sowieso schon gewöhnt war und der Geselle auch kein besseres Bett hatte, musste ich zufrieden sein. Die Arbeitszeit begann um sieben Uhr. Um sechs Uhr dreißig war Frühstück, dann in die Werkstatt bis zwölf Uhr, ohne Jausenzeit; um zwölf Uhr Mittagessen und dann wieder in der Werkstatt bis sieben Uhr abends.

Vor dem Abendessen steckte ich ein großes Stück Eisen ins Feuer, und nach dem Essen gab ich das heiße Wasser in ein mit Wasser

gefülltes Holzschaffel, damit ich warmes Wasser zum Waschen hat-
te, denn ein Bad gab es für mich ja nicht.

Nach dem Waschen ging ich ins Bett, aber leider konnte ich nicht
schlafen, denn jede halbe Stunde raste ein Zug vorbei. Das erste
Gleis war nur drei Meter von meinem Bett entfernt. Die Eisenbah-
ner verschoben die ganze Nacht Waggons und stellten Züge zusam-
men, und bei jedem Zug wachte ich auf. Als ich in der Früh auf-
stand, sah ich ein paar Ratten hin- und herspringen, die mich in der
Nacht besucht hatten. So musste ich meine ganzen Sachen in den
Holzkoffer sperren, und so langsam gewöhnte ich mich an die Rat-
ten und den Lärm. " (11)

Die Arbeitsbedingungen änderten sich nur langsam – vor allem
auch in der Landwirtschaft. Die Magd Dora Prinz erzählt von einer
Anstellung um 1950 im Allgäu, in der sie immer wieder unter den
Launen, Schlägen, Ungerechtigkeiten und dem Geiz der Bauersleu-
te zu leiden hatte:

„Ich will nicht mehr als Magd gehen. Ich schaff wie ein Knecht,
verdien 25 Mark im Monat und hab gerade mal am Sonntag ein
paar Stunden frei. (12)

1958 verließ Dora Prinz ihre letzte Stelle als Magd. Sie schrieb:

„Ich wollte leichtere Arbeit, eine, bei der ich einmal ein ganzes Wo-
chenende frei hatte; als Magd bekam ich grad acht Tage im Jahr
frei ...

Es war der 15. Mai 1958 und ich fuhr heim in die Viehweid.

Eine Woche später trat ich meine neue Stelle in einer Baumschu-
le in Leutkirch an. 1971 wechselte ich in eine Kugellagerfabrik, dort
schleifte ich Schrauben, bis ich in Rente ging. Ich schaffte immer

noch zehn Stunden am Tag, doch Sonntags hatte ich frei, ich bekam drei bis vier Wochen Urlaub im Jahr und hatte viele nette Kollegen." (13)

Im deutschen Kaiserreich wurde zwar im Jahre 1900 die tägliche Arbeitszeit per Gesetz auf maximal 10 Stunden (an 6 Werktagen) und 1918/19 nochmals auf 8 Stunden reduziert. Wie wir gerade gelesen haben, sah die Realität in vielen Bereichen – gerade in privaten Anstellungen in der Landwirtschaft, im Handwerk oder Dienstleistungsbereich – jedoch deutlich anders aus. Hinzu kam meist das Problem der mangelnden Absicherung im Krankheitsfalle und im Alter.

Deutschland hat Dank Otto von Bismarck das älteste Sozialversicherungssystem der Welt. Bereits 1883 erließ er das Krankenversicherungsgesetz, das für alle Arbeiter mit einem Jahreseinkommen unter 2000 Mark eine verpflichtende Krankenversicherung, Pensions- und Unfallversicherung vorsah. Dieser innovative Schritt galt aber eben nur für Arbeiter. Für alle anderen Berufsstände (Handwerker, Landwirte, Kleinunternehmer etc.) blieb eine entsprechende Versicherung freiwillig. Da ein Großteil dieser Beschäftigten die Beiträge für sich und ihre Angestellten nicht aufbringen konnten oder wollten, war deren Versorgung im Falle von Krankheit oder Arbeitsunfähigkeit sowie im Alter oft äußerst mangelhaft und stürzte zahlreiche Familien in Not und Armut.

Es war nicht ungewöhnlich, dass die Kinder armer Familien zwecks Versorgung zu Verwandten oder Bauernfamilien gegeben wurden. Auch Maria Gremel, geboren 1902 im Bezirk Wiener Neustadt-Land in Niederösterreich, wurde aufgrund einer schweren Erkrankung ihrer Mutter mit sieben Jahren für ein Jahr zu einer Tante geschickt. Mit neun Jahren musste sie in den Dienst eines Bauern eintreten:

„Gleich in den ersten Tagen der Ferien sagten mir meine Eltern, daß ich nun in den Dienst gehen müsse. Neuneinhalb Jahre war ich alt und mußte fort von daheim ...
Der Tag kam heran, wo ich den Weg antreten mußte. Es mußten ja damals alle Kinder von armen Leuten in einen Dienst bei den Bauern eintreten. Die Zeit um zehn Jahre herum war gar nicht so früh. Mein Vater mußte schon mit vier Jahren zu einem Bauern, um die Schafe zu hüten, und durfte auch keine Schule besuchen. So redete man mir zu, wie gut ich es in meinem neuen Posten haben werde ... " (14)

Zwar bestand für Kinder (in Deutschland und Österreich) eine achtjährige Schulpflicht, arme Kinder konnten aber teilweise von der Schule befreit werden (z. B. von Frühjahr bis Herbst), um deren Einsatz als Arbeitskräfte zu ermöglichen. Doch auch wenn die Kinder die Schule besuchten, mussten sie vor und nach den Unterrichtsstunden möglichst viel im Haushalt und auf dem Hof helfen. Schließlich wollte man die Kinder nicht nur als Esser im Haus haben, sie sollten ihr Brot wenigstens auch abdienen.

Aber nicht nur bei Landarbeitern war die Not oft groß, in anderen Berufszweigen oder in Städten gestaltete sich die Lage häufig noch bedrückender. Während auf dem Land durch die Eigenproduktion in der Regel zumindest die Grundversorgung mit Lebensmitteln gesichert war und ein einfacher Schlafplatz zur Verfügung stand, musste in anderen Bereichen auch darum beständig gebangt werden.
Marie Toth, Jahrgang 1904 aus Sooß in Niederösterreich beschreibt die Situation ihrer Familie:

„Meine Eltern haben im Ziegelwerk Vöslau gearbeitet, weil sie sonst keine Wohnung bekommen hätten. Darum war auch die Bezahlung schlecht, weil die Wohnung nicht umsonst war. Die Miete war so hoch, daß man nicht die ganze Woche von dem Geld, das übrig blieb, leben hat können. Die Kinder mußte man in die Arbeit mitnehmen, weil die Ziegelwerke außerhalb des Ortes waren. Und wir Kinder sind dann – wir waren erst drei, vier Jahre alt – herumgekraxelt. Nebenbei waren gleich die Äcker, da haben wir im Herbst oft aus der Erde die Körner herausgesucht und gegessen, oder die Mutter hat uns etwas mitgenommen.

Dort, wo sie gearbeitet hat, das waren große längliche Plätze, circa fünfhundert Quadratmeter, da sind die Ziegel gemacht worden. Der Ziegelofen ist so um 1912 – bevor der Erste Weltkrieg angefangen hat – gebaut worden. Früher sind die Ziegelöfen anders gebaut worden. Das ist alles im Freien gestanden. Das war ein Ringofen, da ist einmal im Frühjahr eingeheizt worden, und das Feuer hat den ganzen Sommer über nicht ausgehen dürfen, bis alle Ziegel, die auf Vorrat waren, gebrannt waren. Dann ist das Feuer ausgegangen, und über den Winter gab es keine Arbeit.

Der Lehm ist mit Eisenwagerln geliefert worden. Das sind so Brocken gewesen – da haben die Frauen diese schweren Brocken in die Wagerl hineinhauen müssen. Meine Mutter hat nur fünfzig Kilo gewogen. So unterernährt waren sie alle, aber es ist ihnen nichts anderes übrig geblieben.

Und wenn es geregnet hat, hat man keine Ziegel machen können, weil das ja alles im Freien gemacht worden ist. Da haben sie ja keinen Lohn gekriegt. Jetzt sind sie auch am Sonntag oft arbeiten gegangen, damit sie überhaupt ein bisserl Lohn gekriegt haben. Und in der Früh schon haben die Kinder, bevor sie in die Schule gegangen sind, mitgehen müssen mit der Mutter, weil die Ziegel aufgestellt werden mußten, damit sie auch auf der unteren Seite trock-

nen. Das war Kinderarbeit. Das ist ja nicht bezahlt worden, es sind ja nur die guten Ziegel bezahlt worden.

Ich hab mit vier Jahren, wie der Vater gestorben ist, und auch schon vorher jeden Ziegel aufheben müßen ...

Meine älteste Schwester war damals schon zehn Jahre alt. Sie hat am meisten draufgezahlt. Um vier Uhr hat meine Mutter die älteste Schwester aufgeweckt. Sie ist schon in die Schule gegangen, aber sie hat jeden Tag vorher arbeiten müßen ... Damals ist mein Vater schon krank gewesen. Er war ja zweieinhalb Jahre lungentuberkulös und konnte nicht mehr arbeiten.

Diese großen Lehmbrocken sind in große Kammern gekommen. Dort sind die mit Wagerln hingekommen, hineingeleert und mit viel Wasser vermischt worden. Und das haben sie mit bloßen Füßen treten müßen. Im März war noch Eis, da war noch alles vereist. Da hat es keine Gummistiefel gegeben, es hat kein Nylon gegeben, es hat überhaupt nichts gegeben – und bloßfüßig mußten sie das Wasser treten. Die meisten Männer sind gestorben, weil sie sich Lungenentzündungen geholt haben oder verschiedene Krankheiten. Es sind so viele Männer gestorben, daß dort niemand mehr hat arbeiten wollen.“ (15)

Deutliche Verbesserungen der allgemeinen Arbeitsbedingungen wurden erst in den Jahren und Jahrzehnten nach dem Zweiten Weltkrieg verwirklicht. Die 5-Tage-Arbeitswoche setzte man in der BRD ab 1955/56 schrittweise um, in der DDR 1966/67. Heute wird außerdem vielen Arbeitnehmern eine flexible Einteilung der Arbeitszeit oder eine Teilzeitanstellung ermöglicht.

Die Beschäftigung von Kindern unter 12 Jahren in gewerblichen Unternehmen wurde zwar 1904 im deutschen Kaiserreich offiziell verboten. Im Verborgenen gehörte Kinderarbeit allerdings auf dem

Land ebenso wie in den Städten weiterhin zum Alltag. Heute wird die Beschäftigung Minderjähriger in Deutschland durch das Jugendarbeitsschutzgesetz streng eingeschränkt.

Auch die gesundheitlichen Risiken am Arbeitsplatz sind durch zahlreiche Schutzmaßnahmen (vgl. Arbeitsschutzgesetz) stetig gesunken. So ist beispielsweise die Anzahl der Arbeitsunfälle von 48,2 je 1000 Vollarbeiter im Jahre 1995 auf 23,7 Fälle im Jahre 2014 gesunken (16).

Seit 1995 dürfen sich Arbeitnehmer über 24 Werktage gesetzlichen Mindesturlaubsanspruch freuen, die tatsächlich gewährten Urlaubstage liegen oft noch höher. Auch dieser Anspruch auf bezahlten Urlaub ist längst nicht so selbstverständlich, wie wir meinen mögen. Erst im Jahre 1903 gab es die erste tarifvertragliche Urlaubsregelung überhaupt im deutschen Kaiserreich, darin wurden deutschen Brauereiarbeitern ganze 3 bezahlte Urlaubstage im Jahr gewährt. In den darauf folgenden Dekaden einigte man sich in immer mehr Tarifverträgen auf wenige Tage Urlaubsanspruch pro Jahr. Ab 1945 wurden vielen Arbeitnehmern dann ca. 2 Wochen Jahresurlaub gewährt. Doch erst 1963 legte man in der BRD im Bundesurlaubsgesetz einen einheitlichen Mindesturlaubsanspruch von 3 Wochen fest.

Es kann zweifellos davon ausgegangen werden, dass die heutige Kaufkraft durchschnittlicher Gehälter wesentlich höher liegt, als noch vor einem Jahrhundert. War man damals meist schon froh, wenn Unterkunft und ausreichend Nahrung für die Familie gesichert waren, reicht ein regulärer Lohn heute meist außerdem für zahlreiche Extras wie Urlaube, Auto, Fernseher, PC, Handy und so weiter. Zudem ist in den letzten Jahrzehnten die Zahl erwerbstätiger Frauen gestiegen, was vielen Haushalten von Paaren und Familien ein zusätzliches Plus an finanziellen Mitteln beschert.

Gingen 1907 laut einer „Berufszählung" nur 28 % der erwachsenen Frauen im Deutschen Reich einer Berufstätigkeit nach (17), lag der Prozentsatz in der BRD 1970 bereits bei 45,9 % (18). In der DDR betrug der Anteil erwerbstätiger Frauen zur gleichen Zeit über 70 % (19). Im Jahre 2012 gingen in Deutschland laut Statistischem Bundesamt 71,5 % der Frauen im Alter von 20 bis 64 Jahren einer Berufstätigkeit nach. Der entsprechende Anteil bei Männern für diese Altersgruppe lag bei 81,8 %. Allerdings ist bei Frauen die Teilzeitquote wesentlich höher, als bei Männern. Im Jahre 2014 arbeiteten knapp 58 % der Frauen in Teilzeit, bei Männern waren es reichlich 20 % (20).

Vielen Paaren stehen also aktuell zwei Gehälter zur Verfügung, während sich die Frau früher oft ausschließlich dem Haushalt und den Kindern widmete. Zudem gehörten noch vor 100 Jahren meist 4 bis 10 Kinder zu einem Haushalt, was für entsprechende Kosten sorgte, ohne dass es entsprechende staatliche Zuwendungen gegeben hätte.

Das Thema „berufliche Entwicklung" ist sehr komplex und könnte allein schon Bände füllen. Uns soll dieser kleine Ausflug in die Geschichte reichen. Er verdeutlicht zumindest, dass wir uns derzeit eigentlich in einer recht günstigen Lage befinden: Wir verbringen im Durchschnitt weniger Zeit am Arbeitsplatz, haben günstigere und flexiblere Arbeitszeiten, bessere Arbeitsbedingungen und in der Regel insgesamt mehr Lohn zur Verfügung. Wieso also empfinden viele von uns ihre derzeitige berufliche Situation als besonders belastend?

Sind wir vielleicht einfach nur fauler und anspruchsvoller geworden? Sind wir durch unseren bequemen Lebensstil verwöhnt, verweichlicht und jammern auf hohem Niveau? Diesen Gedanken werden viele Bewohner unseres Landes wahrscheinlich entrüstet von sich weisen, gelten doch gerade Fleiß, Disziplin und Pflichtbewusstsein als typisch deutsche Tugenden. Aber seien wir ehrlich, man gewöhnt sich schon recht schnell an Komfort und Freizeit. Nur wenige Menschen arbeiten mit Begeisterung mehr als unbedingt notwendig. Die Trägheit ist eine menschliche Eigenschaft, die wir nicht zu leugnen brauchen. Wie oft würden wir morgens lieber im Bett bleiben oder in den Urlaub fahren, als zur Arbeit gehen. Das ist keine Todsünde, sondern ein verständlicher, nachvollziehbarer Wunsch.

Aber ich denke, wie so oft gibt es nicht nur einen Grund oder eine Antwort auf die Frage, warum sich eine große Anzahl von Arbeitnehmern in ihrer Tätigkeit stark unter Druck gesetzt fühlt.

Wie wir gesehen haben, ist der Anteil an berufstätigen Frauen in den letzten Jahrzehnten stetig gewachsen. Gleichzeitig sind es auch vermehrt Frauen, die über Müdigkeit, Erschöpfung, Kopf- und Nackenschmerzen klagen (21). Hier könnte also durchaus ein Zusammenhang bestehen. Die Mehrfachbelastung vieler Frauen durch Haushalt, Kindererziehung und Berufstätigkeit wird sicherlich mit ein Grund sein, dass diese häufig die Grenze des Leistbaren erreichen.

Außerdem ist mit unserer gesamten Lebenswelt auch das Berufsleben in vielen Bereichen deutlich vielseitiger und anspruchsvoller geworden. Während ein Großteil körperlich schwerer Arbeiten durch technische Neuerungen erleichtert wird oder entfällt, nehmen Tätigkeiten mit großer Komplexität und Verantwortung zu. Gab es früher zahlreiche (Handwerks-)Berufe, die ein eng begrenztes Aufgabenfeld hatten und nach der Einarbeitung oft ein Leben lang relativ unverändert ausgeführt werden konnten, gehört heute permanente Weiterentwicklung zum Geschäft. Von uns wird in der Regel ein hohes Maß an Flexibilität und Effizienz erwartet, wir müssen oft mehrere Bereiche gleichzeitig betreuen, uns regelmäßig fortbilden, ständig erreichbar sein und unsere Arbeitsweise laufend aktuellen Neuerungen anpassen. Alles soll immer weiter optimiert und perfektioniert werden. Um ein vereinfachtes Beispiel zu nennen: Besaß jemand vor 150 Jahren ein kleines Geschäft, so umfassten die Aufgaben des Inhabers in der Regel wenig mehr, als das Besorgen, Präsentieren und Verkaufen der Waren. Heute muss sich der Geschäftsführer zusätzlich mit Steuerrecht auskennen, mit verschiedenen Produktionsverfahren, Inhaltsstoffen, Gewerberecht, Gehaltsabrechnungen, Schadstoffverordnungen, Brandschutzverordnungen, Verkaufspsychologie, Hygienevorschriften, und, und, und. Ist es da verwunderlich, dass vielen Berufstätigen irgendwann der Kopf schwirrt, wir uns überfordert und erschöpft fühlen?

Auch stellte eine Arbeitskraft früher für einen Betrieb einen wesentlich geringeren Kostenfaktor dar, als heute. Aus diesem Grund wird in vielen Unternehmen so weit wie möglich Personal eingespart und die verbleibenden Angestellten haben oft ein Arbeitspensum zu bewältigen, das von vornherein schon kaum oder nicht zu bewältigen ist. Gleichzeitig erhalten sie aber die Anweisung, dass alle Aufgaben vollständig und pünktlich zu erledigen sind – nach dem Prinzip „Wie Sie das schaffen, ist mir egal." Eine solche Situation schafft auf längere Sicht verständlicherweise nicht nur Druck, sondern auch Frust oder Zorn. Es entsteht das Gefühl, ganz gleich, wie sehr man sich engagiert, es bleibt immer eine Reihe von Zielen unerreicht. Und somit stellt sich auch nicht das befriedigende Gefühl ein, am Ende des Arbeitstages erfolgreich alle Aufgaben erledigt zu haben.

Sicherlich spielt bei dieser Thematik auch eine Rolle, dass wir heute generell gesundheitsbewusster leben und besser über Körpervorgänge informiert sind, als noch vor 50, 100 oder 150 Jahren. Entsprechend sind viele Menschen auch nicht mehr ohne weiteres bereit, für eine Arbeitsstelle ihre Gesundheit zu ruinieren.

Zweifellos litten auch früher viele Berufstätige unter Symptomen wie Müdigkeit, Depressionen, Erschöpfung, Rücken- und Gelenkschmerzen, chronischen Erkrankungen oder Schlafstörungen, sie suchten damit aber wesentlich seltener einen Arzt auf. Aufgrund der mangelhaften und weit weniger entwickelten medizinischen Versorgung war auch die Sterberate bei Krankheitsfällen damals wesentlich höher als in der Gegenwart.

Für Menschen, die keine Krankenversicherung hatten, war ein Arztbesuch auch immer eine finanzielle Frage. So mussten viele ärmere Menschen schon aus diesem Grund darauf verzichten, und versuchten auftretende Beschwerden so weit wie möglich mit Hausmitteln zu lindern.

Heute beklagen wir häufig die hohe psychische Belastung durch Reizüberflutung, Multitasking oder den permanenten Umgang mit Neuerungen und Veränderungen. Vielleicht reagiert der Mensch tatsächlich auch gerade auf diese Einflüsse besonders empfindlich. Wir sind eben keine Maschinen und nicht in alle Richtungen beliebig weiter optimierbar.

Zahlreiche Berufstätige nehmen sicherlich auch bewusst eine erhöhte Arbeitsbelastung auf sich, um ihre Karriere zu fördern – obwohl sie vielleicht ahnen, dass die Anforderungen auf längere Sicht ihre Grenzen übersteigen werden. Denn, ging es früher im Arbeitsleben meist in erster Linie darum, mit „irgendeiner" Tätigkeit genügend Geld zu verdienen, haben wir heute in der Regel den Anspruch, dass der gewählte Beruf unseren Neigungen entspricht und uns eine Karriere ermöglicht, die auch nach außen vorzeigbar ist.

Nicht zuletzt wirken sich Arbeitsatmosphäre und soziales Umfeld am Arbeitsplatz massiv auf die Zufriedenheit der Arbeitnehmer aus. Hier entscheidet sich, ob der Einzelne Unterstützung, Solidarität, Wertschätzung und Fairness erlebt, oder im Gegenteil großen Konkurrenz- und Leistungsdruck, Ungerechtigkeit, Intrigen bis hin zum Mobbing.

Wie gesagt, sind die Gründe für das Empfinden von Druck in der Arbeitswelt sehr vielfältig und individuell. Aus diesem Grund ist es auch unmöglich, diese mit einer Handvoll Tipps aus der Welt zu schaffen. Dennoch kann sich der Einzelne durch ehrliches Reflektieren der eigenen Situation zumindest wesentliche Erleichterung verschaffen. Mehr dazu in den folgenden Abschnitten.

Folgen Sie Ihren Leidenschaften

„Unsere Wünsche sind Vorgefühle der Fähigkeiten, die in uns liegen, Vorboten desjenigen, was wir zu leisten imstande sein werden."
Johann Wolfgang von Goethe

Wir müssen uns in der Regel im Alter zwischen 15 und 19 Jahren für einen Beruf entscheiden, der die Basis für unser Arbeitsleben der nächsten 40 oder 50 Jahre bildet. Eine schwierige Aufgabe, angesichts der Tatsache, dass man in diesem Alter nur sehr beschränkte Vorstellungen davon hat, welche konkreten Aufgaben und Rahmenbedingungen bestimmte Berufsfelder tatsächlich beinhalten. Noch weniger kann man beurteilen, ob einem diese Aufgaben und das Umfeld wirklich liegen und erfüllen, beziehungsweise ob das auch in 20 oder 40 Jahren noch der Fall sein wird.

Dabei ist es für unsere Arbeitszufriedenheit von großer Bedeutung, dass wir in unserer Tätigkeit einen Sinn sehen und das Arbeitsgebiet unseren Interessen und Talenten entspricht. Führen wir eine Tätigkeit mit Leidenschaft und Herzblut aus, müssen wir in der Regel recht wenig Überwindung und Energie aufbringen, um darin Erfolge zu erzielen. Wir beschreiben diesen Zustand gerne mit Aussagen wie: „die Arbeit geht uns leicht von der Hand", „wir sind in unserem Element" oder „die Zeit vergeht dabei wie im Flug". Eine Arbeit, die uns nicht liegt, empfinden wir dagegen oft als regelrechte Quälerei.

Natürlich spielen zahlreiche weitere Faktoren eine Rolle bei unserer Berufszufriedenheit: Räumlichkeiten, Arbeitszeiten, das Maß an Selbstständigkeit, soziales Umfeld, Arbeitsklima, Wertschätzung etc. Je mehr eine Arbeitsstelle unseren persönlichen Vorstellungen und Bedürfnissen entspricht, desto wohler fühlen wir uns. Eine hohe Arbeitszufriedenheit reduziert wiederum Krankheitszeiten und Kündigungen.

Sicherlich werden sich die individuellen Interessen, Bedürfnisse und Wünsche der allermeisten Menschen im Laufe ihres Arbeitslebens verändern und weiterentwickeln. Angesichts eines langen Berufslebens ist das vollkommen normal. Scheuen Sie sich deshalb nicht, Ihre Arbeitsbedingungen an Ihre jeweilige Lebenssituation anzupassen. Natürlich muss ein Stellenwechsel gründlich durchdacht werden, aber wenn wir mit der Ist-Situation permanent unzufrieden sind, sollten wir uns nicht zu sehr verpflichtet oder gebunden fühlen und ewig alles beim Alten belassen.

Verständlicherweise lösen Veränderungen in aller Regel Bedenken und Ängste in uns aus – wir fürchten uns davor, der neuen Situation vielleicht nicht gewachsen zu sein, oder uns am Ende gar zu verschlechtern. Und es ist freilich auch sinnvoll alle Eventualitäten zu bedenken. Spätestens aber, wenn Ihnen Ihre Tätigkeit über längere Zeit – aus welchem Grund auch immer – Kopfschmerzen, Bauchweh, Schwindel, Übelkeit, Durchfall oder schlaflose Nächte bereitet und es Ihnen vor jedem Arbeitstag graust, sollten Sie die Reißleine ziehen und ernsthaft einen Wechsel anstreben. Es muss allerdings nicht immer gleich eine neue Anstellung sein, oft kann auch eine Veränderung innerhalb des Unternehmens genau das Richtige sein: z. B. ein Wechsel der Abteilung oder des Tätigkeitsbereiches, eine Änderung der Arbeitszeiten, Räumlichkeiten, oder, oder.

Gerade die Arbeitszeiten sind im Angestelltenverhältnis oft recht gut verhandelbar oder können bei Selbstständigkeit weitgehend frei eingeteilt werden. Insbesondere wenn es sich um Bürotätigkeiten handelt, können häufig flexible Arbeitszeiten oder einzelne Tage als „home office" vereinbart werden. Ebenso bringt eine Reduzierung der Arbeitszeit um wenige Stunden häufig schon eine deutliche persönliche Erleichterung. Auch verschiedene andere Varianten können sich für den Einzelnen als optimal erweisen, so z. B. die Kombination aus einer Teilzeitanstellung und einer zusätzlichen selbstständigen Tätigkeit oder der Aufbau eines eigenen Unternehmens.

So wie viele unserer Bedürfnisse und Einstellungen im Laufe des Lebens variieren, werden sich in der Regel auch unsere Vorlieben für bestimmte Tätigkeiten ändern. Wir entdecken neue Gebiete für uns, setzen andere Schwerpunkte oder bemerken, dass wir von einer Arbeit falsche Vorstellungen hatten. Manche Tätigkeiten fallen uns vielleicht im Alter zunehmend schwerer oder wir können sie aus gesundheitlichen Gründen nicht mehr ausführen.

Beispiel Michael Loose: *Wie viele Jugendliche war Michael nach Beenden der Schule im Alter von 16 Jahren sehr unentschlossen,* welcher berufliche Weg der Richtige für ihn sei. Da er gerne Fahrrad und Moped fuhr und diese teilweise auch zerlegte oder reparierte, rieten Michaels Eltern ihm zu einer Lehre als Kfz-Mechaniker. Aber bereits während der Ausbildung war Michael unglücklich darüber, den ganzen Tag in einer kalten, dunklen Werkstatt verbringen zu müssen.

Michael überlegte daher nicht lange, als ihm wenige Jahre später eine Stelle als Anlagenpfleger auf einem Golfplatz angeboten wurde. Die Tätigkeit war abwechslungsreich, der junge Mann konnte über weite Strecken in eigener Regie arbeiten und war viel an der frischen Luft. Michael liebte diese Arbeit und blieb 12 Jahre lang im Unternehmen.

Als er aber heiratete und eine Familie gründete, reichte sein Verdienst kaum noch aus. Michael musste sich deshalb schweren Herzens nach einer Alternative umsehen. Er bewarb sich als Kraftfahrer bei einem Busunternehmen und wurde mit seiner Kfz-Ausbildung gerne angestellt. Durch die Schicht- und Wochenenddienste war Michaels Gehalt nun deutlich höher, auch wenn er sich eine abwechslungsreichere Tätigkeit gewünscht hätte.

Vier Jahre später wurde er von einem Freund angesprochen, der Eigentümer einer Fahrschule war und Michael eine Mitarbeit als Fahrlehrer anbot. Da dieser Beruf die ersehnte Abwechslung, mehr Flexibilität und bessere Verdienstmöglichkeiten versprach, absolvierte Michael eine Ausbildung zum Fahrlehrer und stieg erfolgreich in das Unternehmen seines Freundes ein.

Im Alter von ca. 57 Jahren litt er jedoch zunehmend unter Rückenschmerzen, wodurch ihm längeres Sitzen immer schwerer fiel. Michael war gezwungen, seine Arbeitszeit zu reduzieren, und unterrichtete vermehrt die Fahrtheorie, während seine Kollegen die praktischen Fahrstunden übernahmen. Einen Zusatzverdienst sicherte er sich durch das Austragen von Zeitungen in den Morgenstunden.

Michaels Werdegang beschreibt eine recht typische berufliche Entwicklung, in der die Arbeitssituation immer wieder an die jeweiligen Lebensumstände angepasst wird bzw. werden muss.

Bei der Wahl oder Modifikation der eigenen Arbeitsverhältnisse lohnt es sich, die persönlichen Vorlieben, Wünsche und Stärken genau zu analysieren. Erledigen Sie lieber Routineaufgaben oder benötigen Sie Abwechslung? Bevorzugen Sie feste, regelmäßige Arbeitszeiten oder flexible Zeiten bzw. Schichtdienste? Arbeiten Sie gerne im Team oder lieber selbstständig und eigenverantwortlich? Mögen Sie Herausforderungen oder bleiben Sie lieber bei Bewährtem? Bevorzugen Sie den Aufenthalt in geschlossenen Räumen oder im Freien? Liegen Ihre Stärken eher im praktischen Arbeiten oder in der Theorie? Mögen Sie lieber ein ruhiges Arbeitsumfeld oder bevorzugen Sie reges Leben und vertragen auch Lärm bzw. Unruhe? Arbeiten Sie gerne kreativ, organisatorisch, ausführend oder im sozialen Miteinander?

Wichtig ist, dass Sie diese Fragen ehrlich beantworten und nicht versuchen, dem zu entsprechen, was vermeintlich erwünscht ist oder den höchsten gesellschaftlichen Status genießt. Entscheidend ist, welche Arbeitsbedingungen Sie ganz persönlich als angenehm empfinden. Es geht um Ihr Wohlbefinden und Ihre Lebensqualität.

Welche Faktoren können außerdem zu mehr Arbeitszufriedenheit führen?

Gestalten Sie Ihren Arbeitsplatz sowie Ihre Arbeitszeit so angenehm wie möglich: Sorgen Sie für optimale Temperatur- und Lichtverhältnisse (z. B. mit einer „Tageslichtlampe), belohnen Sie sich mit einem köstlichen Mittagessen, Pausensnack oder Getränk, verwenden Sie bequeme Sitzmöbel und angenehme Raumdüfte (z. B. Orange, Mandarine, Zitrone), spielen Sie Ihre Lieblingsmusik, richten Sie die Räumlichkeiten gemütlich ein, stellen Sie Blumen hin oder hängen Sie schöne Bilder auf. Natürlich lassen sich derartige Elemente nicht überall umsetzen. Doch selbst, wenn sich solche Möglichkeiten bieten, nutzen wir sie oft nicht, weil wir der Meinung sind, dass es nun einmal zur Arbeit dazugehört, unangenehm und ungemütlich zu sein. Dabei halten uns solche Annehmlichkeiten nicht davon ab, gute Arbeit zu leisten, sondern fördern ganz im Gegenteil unsere Freude an der Tätigkeit und somit auch unsere Produktivität und unseren Erfolg.

Wir haben im vorherigen Kapitel gesehen, dass es für viele besonders belastend ist, während ihrer Arbeit häufig unterbrochen zu werden, und zwischen verschiedenen Tätigkeiten wechseln zu müssen. Versuchen Sie deshalb, sich nach Möglichkeit voll auf jeweils eine Tätigkeit zu konzentrieren – ohne sich nebenher oder in Gedanken, schon mit fünf anderen zu befassen. Das fällt einem Großteil von uns schwer, kann mit etwas Übung aber immer besser gelingen und einen bedeutenden Beitrag zu mehr innerer Ruhe und Ausgeglichenheit leisten. Sie werden jetzt vielleicht einwenden: „Das ist ja schön und gut, aber was soll ich denn machen, wenn mich ständig jemand unterbricht und etwas von mir will?"

In manchen Berufen (beispielsweise im Kundendienst) ist ein häufiges angefragt werden von unterschiedlichen Seiten tatsächlich kaum zu vermeiden, was oft dazu führt, dass Betroffene stark unter Druck geraten und sich am Ende des Arbeitstages wie ausgesaugt fühlen.

In vielen Bereichen lässt sich dieses ständig-und-sofort-zur-Verfügung-stehen-müssen allerdings recht gut einschränken. Häufig haben alle Beteiligten den Anspruch, dass sich um eine Anfrage von Kollegen, Klienten etc. sofort gekümmert werden muss. Warum eigentlich? Es ist doch im Grunde völlig normal, dass der Ansprechpartner gerade anderweitig beschäftigt ist (er befindet sich ja schließlich im Dienst) und sich mit der neuen Angelegenheit befasst, wenn er Zeit dafür hat. Lassen Sie sich also in solchen Fällen nicht aus der Ruhe bringen. Teilen Sie dem jeweiligen Kollegen/Klienten freundlich aber souverän und bestimmt mit, dass Sie im Moment sehr beschäftigt sind, sich aber später gerne um seine Belange kümmern werden. Vereinbaren Sie gegebenenfalls einen Termin, an dem Sie Zeit haben. Das ist professionelles Handeln, welches Ihnen keiner ankreiden kann. Und Sie haben dadurch unter Umständen ein wesentlich friedlicheres Arbeitsleben. Zudem wird auch für andere sichtbar, dass Sie gut ausgelastet sind. Wenn Sie jederzeit verfügbar sind, kann leicht der Eindruck entstehen, Sie hätte ohnehin nicht viel zu tun.

Ähnlich verhält es sich, wenn Sie immer mehr Arbeit aufgebürdet bekommen und diese kaum oder nur in Überstunden zu schaffen ist. So lange Sie diese Aufgaben klaglos annehmen und ausführen, werden Ihre Vorgesetzten davon ausgehen, dass Sie freie Kapazitäten haben und Sie die Arbeiten gut bewältigen können. Erst wenn Sie eine Grenze setzen und mitteilen, dass Sie nicht mehr schaffen, kann dies auch registriert und beachtet werden.

Besonders schwer haben es Perfektionisten, denn sie können sich nur sehr schwer überwinden, ein Resultat abzuliefern, das nicht in jeder Hinsicht optimal ist. Auch scheuen sie sich häufig, Arbeiten an Kollegen abzugeben, da sie befürchten, dass diese nicht die entsprechende Qualität erzielen werden. Perfektionisten investieren daher häufig wesentlich mehr Zeit und Mühe in bestimmte Tätigkeiten, als andere. Es ist natürlich grundsätzlich ehrenwert und löblich, dass diese Mitarbeiter hart arbeiten, um ein gutes Ergebnis abzuliefern, und in manchen Bereichen wird dies sicherlich auch gebührend geschätzt. Es gibt allerdings auch viele Arbeitsfelder, in denen es absolut genügt, statt eines hundertprozentigen Ergebnisses, eines mit achtzig- oder neunzigprozentiger Vollkommenheit abzuliefern. Diese zehn oder zwanzig Prozent weniger Perfektion machen sich in der Qualität des Endproduktes oft kaum bemerkbar, ersparen dem Mitarbeiter aber unter Umständen viel extra Arbeitszeit und Mühe. Überlegen Sie also im Zweifelsfalle gründlich, ob sich der Mehraufwand wirklich lohnt, und verteilen Sie das Arbeitspensum – wenn möglich – gerecht und gleichmäßig auf alle Mitarbeiter.

Nehmen Sie (hilfsbedürftigen) Kollegen nicht zu viel Arbeit ab. Leider gibt es viele Menschen, die die Gutmütigkeit und Einsatzbereitschaft anderer gnadenlos ausnutzen. Zeigen Sie sich allzu hilfsbereit, ist die Gefahr groß, dass sich die Kollegen auf Ihre Kosten ausruhen, während Ihr Arbeitspensum stetig wächst. Das schafft auf längere Sicht nur Unmut und danken wird es Ihnen mit großer Wahrscheinlichkeit keiner. Im Gegenteil: Sie werden wahrscheinlich sogar eher als „dummes Schaf" gelten. Wenn jemand um Unterstützung bittet, dann erklären und zeigen Sie ihm alles Notwendige, aber nehmen Sie ihm die Aufgabe nicht dauerhaft ab.

Besonders wichtig ist es, sich als Ausgleich zur beruflichen Tätigkeit ein möglichst erfülltes Privatleben zu schaffen, das Ihnen Freude und Stabilität bietet. Richten wir unser Leben zu sehr auf die Arbeit bzw. berufliche Erfolge aus, treffen uns Krisen in diesem Sektor umso härter, je weniger Rückhalt wir durch andere Lebensbereiche haben. Schwierige Phasen sind leider ein unvermeidbarer Teil unseres Lebens und auch Veränderungen lassen sich selten von heute auf morgen realisieren. In diesen Zeiten ist es ganz besonders wichtig, dass wir uns genügend Raum für Ausgleich, Muse und Erholung schaffen, aus dem wir Mut und Zuversicht schöpfen können.

Tipps für jeden Tag

- Falls möglich, organisieren Sie Ihre Arbeitszeiten so, dass diese Ihrem natürlichen Biorhythmus entsprechen – je nachdem, ob Sie am Morgen, Nachmittag oder Abend am leistungsfähigsten sind.

- Gestalten Sie Ihren Arbeitsplatz so angenehm wie möglich.

- Legen Sie regelmäßig Pausen ein und verbringen Sie diese so, dass Sie tatsächlich abschalten und entspannen können. Unternehmen Sie beispielsweise einen kurzen Spaziergang oder lesen Sie eine Zeitschrift, statt mit Kollegen über die Arbeit zu sprechen.

- Versuchen Sie, sich jeweils ganz auf eine Aufgabe zu konzentrieren. Schalten Sie Störfaktoren weitestgehend aus.

- Verbringen Sie Ihre Freizeit in einer Weise, die nicht in Verbindung zum Beruf steht und einen wirklichen Ausgleich dazu bietet.

- Organisieren Sie Ihre Arbeit so weit wie möglich entsprechend Ihrer Bedürfnisse (Abwechslung, Ruhe, soziale Kontakte etc.).

- Reduzieren Sie Perfektionismus und melden Sie Überlastungssituationen. Bitten Sie bei Bedarf um Unterstützung.

- Falls Sie sich im Beruf über längere Zeit unzufrieden, überlastet und ausgelaugt fühlen, ziehen auch folgende Möglichkeiten in Betracht: Reduzierung der Arbeitszeit, Stellenwechsel, unbezahlten Urlaub nehmen, Fortbildung/Umschulung, Aufbau eines nebenberuflichen Einkommens.

Nachgedacht

- Sehen Sie in Ihrer derzeitigen beruflichen Tätigkeit einen Sinn und haben Sie das Gefühl, eine wichtige Aufgabe zu erfüllen?

- Stellen Sie sich vor, Ihnen werden zwei Arbeitsstellen angeboten: Die erste ist interessant, die zweite langweilig, bietet aber 20 Prozent mehr Lohn. Welchen Job wählen Sie?

- Was war in Ihrem bisherigen Arbeitsleben Ihr erfüllendstes Erlebnis? Welche Faktoren spielten hierbei die größte Rolle?

- Würden Sie gerne mit Ihrem Chef tauschen?

- Was widerstrebt Ihnen an Ihrem jetzigen Berufsleben am meisten?

- Welchen Beruf wollten Sie als Kind ergreifen? Welche Elemente haben Ihnen an dieser Tätigkeit besonders gefallen? Sind diese für Sie heute noch von Bedeutung?

- Haben Sie in Ihrer jetzigen Arbeitsstelle regelmäßig Erfolgserlebnisse? Wie wichtig sind Ihnen diese beziehungsweise wie sähen diese aus, wenn Sie sich beruflich verändern würden?

- Wer kann Ihnen helfen, Ihre beruflichen Pläne zu verwirklichen?

- Wie sieht Ihr idealer Arbeitsplatz aus?

- Wenn Sie nachts wachliegen und an Ihren Vorgesetzten denken, ist Ihnen dann auch bewusst, dass er nicht an Sie denkt?

- Welche Fähigkeiten haben Sie in den letzten Jahren in Ihrer Tätigkeit dazugelernt oder weiterentwickelt?

- Wenn Sie sich selbst ein Arbeitszeugnis schreiben müssten, wie würde dieses ausschauen? Welche besonderen Eigenschaften und Fähigkeiten würden Sie hervorheben? Welche würden Sie gerne ausbauen?

Wo (viele) Menschen aufeinander treffen, menschelt es

„Lebenskunst besteht zu 90 Prozent aus der Fähigkeit, mit Menschen auszukommen, die man nicht leiden kann.“

Samuel Goldwyn

Natürlich gilt der Titel dieses Kapitels nicht nur für die Arbeitswelt. Aber ein unangenehmer Nachbar lässt sich in der Regel ganz gut meiden und den lästigen Cousin aus Hinterfischbach muss man mit etwas Glück auch nur zweimal im Jahr bei Familienfeiern ertragen. Mit Arbeitskollegen dagegen, muss man oft 40 Stunden oder mehr pro Woche auskommen, unter Umständen noch dazu auf engstem Raum. Und in der Regel kann man sich keinen davon aussuchen. Dabei prallen die unterschiedlichsten Charaktere, Altersgruppen, Mentalitäten, Bildungshintergründe und Lebensgeschichten aufeinander. Dennoch ist man gezwungen, sich zu arrangieren, gemeinsam etwas zu schaffen und Probleme zu lösen.

Sicherlich kann man dies auch als gute Lebensschule betrachten: man ist täglich gezwungen, die eigenen Sozialkompetenzen zu optimieren, persönliche Sichtweisen zu überdenken und Kompromisse zu schließen. Doch so wertvoll das auch sein mag, es gibt immer wieder Mitarbeiter oder Vorgesetzte, die einem das Leben derart vergällen, dass man es auch mit den blauesten Augen nicht mehr positiv sehen kann. Oft sind es nur einzelne oder wenige Personen innerhalb einer Gruppe, die das Arbeitsklima auf die eine oder andere Weise massiv negativ beeinflussen.

Nun gibt es unter Vorgesetzten wie Angestellten eine riesige Vielfalt an Verhaltensmustern und Lebenshintergründen, die hier unmöglich alle analysiert werden können. Dazu kommen die Beziehungsdynamiken, die sich wiederum in der Zusammenarbeit mit einzelnen Kollegen entwickeln. Es sollen an dieser Stelle lediglich einige typische Beispiele genannt werden.

Ein recht häufig auftretendes Phänomen sind Kollegen mit besonders großem Geltungsbedürfnis, die den Großteil der Arbeitszeit damit beschäftigt sind, sich selbst und ihre vermeintlich außerordentlichen Leistungen ins beste Licht zu rücken. Diese Menschen reden oft ungewöhnlich viel und ausführlich – simple Inhalte, die andere in zwei Sätzen zusammenfassen, breiten diese Mitarbeiter langatmig in einer halben Stunde aus. Sie betonen dabei immer wieder gerne, „wie Recht sie hatten", dass sie „es doch gleich gewusst haben" oder „den anderen gezeigt haben, wie das geht". Nur in den seltensten Fällen liegt dieser exzessiven Selbstdarstellung aber auch eine entsprechende Kompetenz zugrunde. Vielmehr sind diese Personen so damit beschäftigt, die äußere Fassade aufrecht zu erhalten, dass sie für die eigentliche praktische Arbeit oft kaum noch Zeit finden und ihre Leistungen eher durchschnittlich bis bescheiden ausfallen. Auch entspricht das übersteigerte Selbstbewusstsein, das sie nach Außen präsentieren, meist ganz und gar nicht ihrer inneren Überzeugung. Im Gegenteil, diese Menschen sind oft sogar ausgesprochen unsicher und von ihren Kompetenzen sehr wenig überzeugt. Gerade aus diesem Grund versuchen sie ständig, mit langen Reden sich selbst und andere davon zu überzeugen, dass sie doch etwas können. Dieser Hintergrund mag Mitgefühl erregen, ändert aber leider nichts an der Tatsache, dass ein solches Verhalten für die Kollegen auf Dauer extrem belastend sein kann.

Ein weiteres typisches Beispiel zum Thema schwierige Kollegen sind solche, die gerne Gerüchte verbreiten, Intrigen spinnen und Mitarbeiter denunzieren oder gegeneinander ausspielen. Bei Frauen kommt dieses Verhalten wahrscheinlich häufiger vor, als bei männlichen Kollegen. Die betreffenden Personen pflegen oft viele Kontakte innerhalb des Betriebes und gehen gerne auf einen Plausch zu verschiedenen Mitarbeitern, wobei sie diese in vertrauliche und besonders offene Gespräche verwickeln. Die so erfahrenen „Neuigkeiten" werden dann sogleich an andere weitergereicht. Auf diese Weise verbreiten solche Kollegen in kürzester Zeit jegliche erwünschten und unerwünschten Informationen, stellen Vermutungen auf und streuen Gerüchte. Ihre liebste Beschäftigung aber besteht darin, andere „anzuschwärzen". Sie lauern geradezu darauf, bei Kollegen Fehler und Unzulänglichkeiten zu entdecken. Diese werden dann gnadenlos ausgeweitet und als wichtiges „Hast-du-schon-gehört" weitergereicht. Das Ziel besteht in der Regel darin, sich selbst auf Kosten anderer zu profilieren und aufzuwerten. Kollegen werden diffamiert, um selbst im Vergleich entsprechend vorteilhaft zu wirken. Häufig sind diese Menschen neidisch auf andere, insbesondere auf besser qualifizierte und kompetentere Mitarbeiter, und versuchen deshalb, deren Position zu untergraben, und damit selbst Pluspunkte bei Vorgesetzten zu sammeln.

Neben diesen Erscheinungen sind Ihnen in Ihrem Berufsleben vielleicht auch schon Kollegen begegnet, die den Großteil ihrer Arbeit an andere delegieren oder Mitarbeiter, die zu neunzig Prozent der Arbeitszeit mit ihrem Privatleben beschäftigt sind. Dazu kommen jene, die extrem launisch oder cholerisch sind, und jeglichen Unmut eins zu eins an ihre Umwelt weitergeben. So ließe sich die Liste noch lange fortsetzen.

Wie kann man nun den Umgang mit den verschiedensten Charakteren erträglicher gestalten? Zunächst die schlechte Nachricht. So lange wir leben, werden wir mit Sicherheit immer wieder mit Personen konfrontiert sein, die uns herausfordern, frustrieren oder verärgern. Zwischenmenschliche Konflikte sind leider ein unvermeidbarer Teil unseres Lebens, denn: wenn (viele) Menschen aufeinandertreffen, menschelt es – und zwar oft gewaltig. Wahrscheinlich sind sie tatsächlich Teil unserer persönlichen Entwicklung, aber leider kein angenehmer.

Die Arbeitsstelle oder Abteilung zu wechseln, kann sinnvoll sein und Erleichterung bringen, besonders dann, wenn im gesamten Bereich oder gar Betrieb ein unerträgliches soziales Klima herrscht, wenn dieses von Vorgesetzten unterstützt wird oder wenn auf absehbare Zeit keine Änderung in Sicht ist. Allerdings gibt es keine Garantie, dass nicht auch in der neuen Dienststelle früher oder später wieder ähnliche Probleme auftreten werden.

Versuchen Sie deshalb, solche Konflikte als Störfaktor in Ihrem Leben nicht über zu bewerten, sondern vielmehr als normalen Teil unseres Daseins zu akzeptieren. Gerade für sensible, harmoniebedürftige Menschen ist das sehr schwierig, für ihren Seelenfrieden aber von großer Wichtigkeit. Man muss nicht jeden mögen und man muss auch selbst nicht von jedem geliebt werden. Das Verinnerlichen dieser banalen Tatsache, kann im Alltag schon viel Erleichterung bringen. Es harmonieren einfach nicht alle Menschen miteinander und das ist auch vollkommen in Ordnung so. Versuchen Sie nicht, es immer allen Recht zu machen – das kostet Sie nur unheimlich viel Kraft und Sie werden es ohnehin nicht schaffen. Bleiben Sie sich selbst treu, stehen Sie zu Ihren Ansichten und zeigen Sie Charakter. Auf diese Weise werden Sie sich wesentlich mehr Respekt verschaffen, als damit, sich immer brav anzupassen und nach Einigkeit zu suchen.

Um das Verbreiten von Intrigen und Gerüchten am Arbeitsplatz zu vermeiden, konzentrieren Sie sich auf Ihre eigene Tätigkeit und Ihren Zuständigkeitsbereich. Führen Sie offene und persönliche Gespräche nur mit Kollegen, denen Sie wirklich vertrauen können. Halten Sie sich von Lästereien fern. Entsprechenden „Informanden" gegenüber können Sie sich beispielsweise darauf berufen, dass Sie mit Ihrer eigenen Arbeit sehr gut ausgelastet sind und weder Zeit noch Interesse haben, sich in die Angelegenheiten von Kollegen einzumischen. Sie hätten nur wenig Einblick in deren Arbeit und könnten diese daher nicht beurteilen – seien aber sicher, dass diese ihr Bestes geben.

Äußern Sie über nicht anwesende Personen nur das, was sie diesen auch ins Gesicht sagen würden.

Wenn Ihnen Gerüchte oder unfaires Verhalten gegen Sie selbst auffallen, sprechen Sie die vermeintliche Quelle direkt darauf an – in sachlichem, wohlwollendem Ton, um die Angelegenheit zu klären. Zum einen lassen sich auf diese Weise Missverständnisse aus dem Weg räumen, ohne dass sich aufgrund falscher Informationen Unmut aufstaut. Falls der Sachverhalt wiederum der Wahrheit entspricht, wird es für die betreffende Person zurecht unangenehm. Denn diese Menschen verstehen sich meist hervorragend darauf, im Hintergrund zu agieren. Mit einer direkten Konfrontation und Aussprache auf Augenhöhe können sie aber oftmals nur sehr schwer umgehen. Es ist also durchaus anzuraten, solche Menschen deutlich wissen zu lassen, dass ihre Lästereien, Intrigen etc. als solche wahrgenommen werden und ein sehr negatives Licht auf sie werfen.

Versuchen Sie, im Umgang mit Ihren Kollegen stets sachlich und objektiv zu bleiben. Bemühen Sie sich, auch bei schwierigen Kollegen die positiven Seiten zu sehen und sprechen Sie die Punkte, die Sie belasten, so bald wie möglich an. Je mehr Frust sich einer Person gegenüber in Ihnen aufstaut, desto schwieriger wird in der Regel eine versöhnliche Kommunikation. Sehr Erfolgversprechend ist das Ansprechen von Kritikpunkten auf humorvolle Weise, da dies meist weniger verletzend wirkt und das Thema dennoch auf den Punkt bringt. Aber natürlich hängt die Art der Aussprache zwischen zwei Personen maßgeblich von deren Beziehung zueinander ab, sowie von der Schwere der Differenzen und vorgefallenen Kränkungen. Häufig wird eine Klärung unter vier Augen (oder mehr) nicht zu umgehen sein. Sprechen Sie dabei Probleme möglichst klar und emotionslos an, vermeiden Sie persönliche oder pauschalisierte Anklagen. Bleiben Sie bei dem, was für die gemeinsame Arbeit von Bedeutung ist. Erklären Sie zum Beispiel, dass Ihnen eine gute Zusammenarbeit wichtig sei, in der man sich freundlich und fair behandelt sowie gegenseitig unterstützt. Betonen Sie, dass es für Sie in der Arbeit nicht um Konkurrenzkampf geht, und darum, dass sich jeder möglichst vorteilhaft darstellt, sondern vielmehr darum, gemeinsam gute Arbeit zu leisten.

Es mag schwer zu glauben sein, aber vielen Menschen ist ihr unsoziales Verhalten tatsächlich nicht bewusst. Es gibt genügend Personen, die sich mit Selbstreflexion bzw. Selbstkritik vorsichtshalber erst gar nicht befassen. Wenn sie dann von anderen darauf angesprochen werden, ist die Abwehr oft entsprechend groß, sie zeigen sich empört oder gekränkt. In aller Regel denken sie aber später in Ruhe darüber nach, können sich Schwächen eingestehen und ändern im Idealfall ihr Verhalten. Erwarten Sie aber keine Wunder, häufig ist die Besserung nur temporär und es wird weitere Auseinandersetzungen geben (müssen). Allerdings gibt es auch immer wieder Menschen, die uns mit ihrer Offenheit für Kritik regelrecht verblüffen und sich überraschend einsichtig und kooperativ zeigen.

Apropos Kritik. Es wird kaum jemanden geben, der Kritik tatsächlich gerne hört. Schließlich wird uns damit zu verstehen gegeben, dass wir etwas falsch gemacht haben oder unser Verhalten zumindest verbesserungswürdig ist. Da sind uns Komplimente schon deutlich lieber. Dennoch sollten wir der Versuchung widerstehen, uns bei geäußerter Kritik sofort verärgert, entrüstet oder angegriffen zu fühlen und zu zeigen. Hören Sie Ihrem Gesprächspartner in jedem Falle ruhig zu, unterbrechen Sie ihn nicht. Nehmen Sie seine Worte ernst und überdenken Sie das Gesagte. Stellen Sie – wenn nötig – Verständnisfragen und bitten Sie bei Verallgemeinerungen um konkrete Beispiele. Wenn Ihr Gegenüber barsch oder beleidigend auftritt, bitten Sie ihn um eine angemessene Art und Weise. Erklären Sie beispielsweise, dass Sie ihn genauso gut verstehen, wenn er in einem sachlichen Ton mit Ihnen spricht, beziehungsweise, dass Sie sich gerne anhören, was er zu sagen hat, Sie sich aber nicht beleidigen lassen müssen.

Sie brauchen nicht sofort auf die Kritik einzugehen, Sie können Ihrem Gesprächspartner auch sagen, dass Sie darüber nachdenken werden und gegebenenfalls später noch einmal auf den Anderen zugehen.

Stellen Sie bei einer Antwort Ihre Sichtweise ruhig und sachlich dar. Vermeiden Sie eifrige Rechtfertigungen nach dem Schema „… aber ich habe doch nur …". Diese wirken meist einfach nur verzweifelt und wenig überzeugend.

Auf längere Sicht müssen wir für geäußerte Kritik tatsächlich dankbar sein, denn sie ermöglicht uns, unser Verhalten aus einem anderen Blickwinkel zu betrachten, uns gegebenenfalls zu verbessern und unser Leben erfolgreicher zu gestalten.

Ein Kuriosum beim Thema Kritik ist die Tatsache, dass viele Menschen an anderen genau die Punkte kritisieren, in denen sie selbst Defizite haben. So wird man beispielsweise häufig übergewichtige Personen finden, die über andere korpulente Menschen lästern. Oder gerade diejenigen, die selbst unordentlich sind, kritisieren diese Eigenschaft verstärkt auch bei anderen. In solchen Situationen fällt es einem natürlich besonders schwer, die Kritik anzunehmen, da man am liebsten antworten möchte: „Das sagt genau der Richtige!" Wobei Sie diese offensichtliche Tatsache Ihrem Gesprächspartner gegenüber durchaus formulieren dürfen, wenn auch nicht unbedingt mit diesen Worten. Aber eine Aussage wie „Du hast vollkommen recht mit Deiner Kritik, aber ist dir eigentlich schon einmal aufgefallen, dass du …" ist in der Regel ganz und gar legitim.

In jedem Falle gilt: Menschen und Umstände sind so vielfältig, dass jede Konfliktsituation ihre ganz eigene Dynamik haben wird. Versuchen Sie, dies als eines der unzähligen Abenteuer des Lebens zu sehen. Auf Weltniveau oder gar Universums-Niveau gesehen, sind viele dieser Konflikte ohnehin kaum der Rede wert. Diese Erkenntnis macht den Alltag zwar nicht unbedingt erträglicher, lässt Probleme aber in einer realistischeren Perspektive erscheinen. Lassen Sie sich Ihre Lebensfreude und Lebensqualität nicht von Menschen verderben, die andere aus Gründen wie Missgunst, Egoismus, Faulheit, Neid und Inkompetenz ausnutzen oder schikanieren.

Gerade bei Menschen, die besonders gut und erfolgreich arbeiten, lassen Neider selten lange auf sich warten. Dann gilt meist das schöne Sprichwort: „Nur durch Arbeit früh bis spät ist mein Werk geraten. Der Neider sieht das Blumenbeet, aber nicht den Spaten." Der Neider missgönnt anderen die Früchte ihres Erfolges, sieht aber nicht die harte Arbeit, die damit in aller Regel verbunden ist – und die er selbst meist nicht bereit oder fähig wäre zu leisten. Betrachten Sie Neid deshalb als wohl verdientes Kompliment!

Aber nicht nur das Thema Neid, sondern auch Machtspiele nehmen am Arbeitsplatz häufig einen großen Raum ein. Wobei man manchmal den Eindruck gewinnt, dass – hierarchisch gesehen – so ziemlich jeder gerne noch jemanden „unter sich" hat, den er herumkommandieren und oft auch schikanieren kann. Das Prinzip „nach oben buckeln und nach unten treten", welches schon Heinrich Mann in seinem „Untertan" beschrieb, nimmt dabei oft geradezu groteske Formen an. Wer schon einmal innerhalb einer Firma befördert worden und in der Hierarchie aufgestiegen ist, wird sich vielleicht gewundert haben, wie freundlich und zuvorkommend er plötzlich von Mitarbeitern behandelt worden ist, die ihn vorher vielleicht kaum angeschaut oder sogar gemobbt haben. Ja, auch solches Gebaren gehört leider zur gängigen Palette menschlichen Verhaltens und wird am besten mit gesunder Distanz und Humor betrachtet.

Vielen Menschen fällt es schwer, mit anderen auf Augenhöhe zu agieren. Sie verfahren stets nach dem Prinzip: Entweder du gibst den Ton an oder ich. Weisen Sie solche Kollegen in ihre Schranken und erinnern Sie sie daran, in einem angemessenen Tonfall mit Ihnen zu reden und fehlplatziertes Dominanzgebaren zu unterlassen.

Solchen Menschen ist ihr unkollegiales Verhalten häufig gar nicht bewusst und sie reagieren regelrecht geschockt, wenn sie darauf angesprochen werden. Mit ziemlicher Sicherheit aber wird danach das überhebliche Verhalten Ihnen gegenüber ein Ende haben.

Nun haben viele von uns in ihrer beruflichen Tätigkeit nicht nur Umgang mit Kollegen, sondern auch mit Kunden, Patienten, Klienten oder Gästen. Auch hier gilt ähnliches wie zum Thema Kollegen. Neben der „normalen", bunten Bandbreite von Persönlichkeiten gibt es immer wieder ganz besonders unangenehme Exemplare, so zum Beispiel die extrem Anspruchsvollen, denen nichts gut genug ist und die stets eine Sonderbehandlung einfordern. Daneben könnte man noch Personen nennen, die meinen, sie seien der Nabel der Welt und man habe sich den ganzen Tag nur um sie kümmern, oder solche, die alles besser wissen, und, und, und. Machen Sie sich auch hier bewusst, Sie müssen nicht jeden mögen und Sie müssen sich auch nicht alles bieten lassen.

Bleiben Sie im Umgang mit Kunden oder Klienten freundlich und sachlich. Lassen Sie sich nicht provozieren und zu Aussagen oder Handlungen verleiten, die Ihnen im Nachhinein Probleme bereiten oder Ihre Position kosten könnten. Falls möglich, verweisen Sie besonders schwierige Personen an Vorgesetzte oder andere entsprechend zuständige Mitarbeiter. Bleiben Sie in Auseinandersetzungen bei den jeweiligen Fakten und versuchen Sie schnell und unkompliziert eine Lösung für das anstehende Problem zu finden. Lassen Sie sich nicht in weitreichendere Thematiken verwickeln und für Bereiche engagieren, die nicht Ihrer Zuständigkeit entsprechen. Erklären Sie in besonders konfliktreichen Situationen das Gespräch an dieser Stelle (vorerst) beenden zu müssen, da Sie einen wichtigen Termin beziehungsweise anderweitige Verpflichtungen haben oder zusätzliche Informationen einholen müssen. Auf diese Weise verschaffen Sie sich zumindest eine Pause zum „Abkühlen" und deeskalieren der Situation sowie Zeit zum Nachdenken über weitere Schritte.

Wichtig ist auch hier, dass Sie solche Probleme als Teil Ihrer Arbeit sehen und nicht als persönliche Unzulänglichkeit oder Wertung. Versuchen Sie, schwierige Menschen mit Humor zu betrachten, als Kuriosität nach dem Prinzip „Es gibt nichts, was es nicht gibt."

Tipps für jeden Tag

- Pflegen Sie zu Ihren Kollegen ein professionelles Verhältnis, ohne zu viel von Ihrem Privatleben einfließen zu lassen. Führen Sie offene, persönliche Gespräche nur mit Kollegen, denen Sie wirklich vertrauen können.

- Versuchen Sie, Konflikte am Arbeitsplatz als (auf Dauer fast unvermeidbaren) Teil Ihres Jobs anzusehen und beschäftigen Sie sich nach Dienstschluss so wenig wie möglich damit.

- Es harmonieren nicht alle Menschen miteinander. Setzen Sie sich deshalb nicht mit dem Anspruch unter Druck, jeden mögen zu müssen, und von jedem gemocht werden zu wollen.

- Sprechen Sie Probleme und Konfliktpunkte Ihren Kollegen gegenüber so bald wie möglich an.

- Handeln Sie nach dem alten Spruch: „Redet einer schlecht von dir, sei es ihm erlaubt. Doch du, du lebe so, dass keiner es ihm glaubt."

- Menschen, die andere mobben sind in aller Regel unzufrieden mit sich selbst und ihrem eigenen Leben. Ihren Frust darüber lassen sie dann an anderen aus. Setzen Sie solchen Menschen deutliche Grenzen, ansonsten werden Sie als „williges Opfer" höchst wahrscheinlich so lange schikaniert, bis Sie sich endlich wehren.

- Nehmen Sie Kritik ernst und betrachten Sie diese als Chance.

- Versuchen Sie nicht, es immer allen Recht zu machen. Das kostet Sie nur unheimlich viel Kraft und schaffen werden Sie es ohnehin nicht. Vertreten Sie dagegen klar Ihre Position und seien Sie authentisch. Das wird Ihnen wesentlich mehr Achtung einbringen.

- Gehen Sie mit schwierigen Klienten professionell und sachlich um. Bewahren Sie die Ruhe und lassen Sie sich nicht provozieren.

Nachgedacht

- Arbeiten Sie lieber in einem größeren Team, mit einem bzw. wenigen Kollegen oder allein? Welche Gesichtspunkte sind Ihnen hierbei besonders wichtig?

- Erfolgreiche Personen haben häufig mit Neid und Missgunst ihrer Mitmenschen zu kämpfen. Stapeln Sie manchmal bewusst tief, um sich die Sympathien Ihrer Mitmenschen nicht zu verscherzen?

- Bevorzugen Sie männliche oder weibliche Arbeitskollegen? Was sind die Gründe dafür?

- Welche Art von Kritik trifft Sie am meisten: die ungerechtfertigte oder diejenige, die der Wahrheit entspricht?

- Gerade Fachkräfte in gehobenen und Führungspositionen müssen in der Regel den Mut haben, sich hin und wieder unbeliebt zu machen. Wie sehr belastet es Sie, nicht von jedem gemocht zu werden?

- Welche Kollegen/Vorgesetzten haben Sie im Laufe Ihrer Dienstjahre am Meisten gemocht und geschätzt? Welche Eigenschaften zeichneten diese aus? Was konnten Sie von Ihnen lernen?

Druck in der Freizeit

In den vorangegangenen Kapiteln haben wir bereits gesehen, dass innerhalb der letzten hundert bis hundertfünfzig Jahre die durchschnittliche Anzahl an Arbeitsstunden, die wir im Beruf verbringen, beträchtlich gesunken ist. Waren zu Beginn des 20. Jahrhunderts noch bis zu 16 Arbeitsstunden täglich an sechs oder sieben Tagen pro Woche zu leisten, überschreitet unser gegenwärtiges Pensum kaum die Grenze von 8 Stunden an fünf Wochentagen. Die jährlich zur Verfügung stehenden Urlaubstage sind in diesem Zeitraum bei Angestellten von Null auf 24-30 oder mehr gestiegen.

Zudem werden viele Hausarbeiten, die früher sehr zeitaufwendig und mühevoll waren (Wäsche waschen, Kochen, Vorratshaltung, Putzen etc.), heute durch moderne Geräte wesentlich erleichtert. Weiterhin sparen wir viel Zeit durch effiziente Verkehrsmittel, während früher ein Großteil der Entfernungen zu Fuß zurückgelegt werden musste. Aus diesen und anderen Gründen haben wir in den vergangenen Dekaden im Allgemeinen ein deutliches Plus an Freizeit hinzugewonnen.

Noch bis zur Mitte des 20. Jahrhunderts wurde ein Großteil der „Freizeit" für Handarbeiten, Garten- oder Instandhaltungsarbeiten verwendet und konnte somit kaum als freie Zeit im eigentlichen Sinne gerechnet werden. Da das Kaufangebot damals wesentlich eingeschränkter war als heute und zudem in den meisten Familien rigoros gespart werden musste, wurden viele Dinge des täglichen Lebens selbst hergestellt. Gerade Kleider, Bett- und Tischwäsche wurden in der Regel fast gänzlich von den im Haushalt lebenden Frauen und Mädchen hergestellt und ausgebessert. Entsprechend groß war die Anzahl der Stunden, die sie mit Stricken, Häkeln, Nähen, Stopfen, Spinnen oder Weben verbracht.

Aber auch Schuhe, Möbel und verschiedene Gebrauchsgegenstände stellte man nach Möglichkeit in Eigenregie her. Ebenso wurden Reparatur- und Renovierungsarbeiten zum Großteil selbst erledigt, beziehungsweise mithilfe von Freunden und Bekannten.

Hinzu kam die Pflege und Betreuung der meist zahlreichen Kinderschar, sodass von wirklicher Freizeit kaum gesprochen werden konnte.

Margarethe, Jahrgang 1913 aus Limbach, berichtet folgendes aus ihrer Jugend:

„Unser Leben bestand fast nur aus Arbeit. Freizeit und Vergnügungen kannte man so gut wie nicht. Nur der Vater hatte das Privileg, seine Zeitung zu lesen. Wollte sich eines von uns Kindern nach getaner Arbeit einmal über den Fortsetzungsroman in der Zeitung hermachen, schritt gleich die Mutter ein: ‚Nichts da! Im Schrank liegen noch Strümpfe zum Stopfen.‘

Am Abend, wenn die weiblichen Mitglieder der Familie um den Küchentisch saßen und Strümpfe stopften oder neue strickten, durfte der Großonkel den Zeitungsroman vorlesen. Der Vater, die Brüder und Knechte banden an den Abenden Besen oder flochten Weidenkörbe.

So sah der Alltag nicht nur bei uns aus, sondern überall im Dorf.“ (22)

Aber nicht nur frei verfügbare Zeit an sich war rar, auch die Möglichkeiten, wie man diese hätte verbringen können, waren meist äußerst beschränkt. Es existierten keine Fernseher oder Computer, kaum Radios, selbst Bücher und Zeitungen waren für die meisten unerschwinglich – von Reisen ganz zu schweigen. Auf dem Land gab es kaum kulturelle Angebote oder Veranstaltungen, in der Stadt konnten sich nur die wenigsten Kino-, Konzert- oder Theaterbesuche leisten.

Für viele Menschen waren die (sonntäglichen) Gottesdienste in der Kirche so ziemlich die einzige Abwechslung vom Alltagsleben. Schließlich traf man hier auch Bekannte und Verwandte aus der näheren Umgebung.

Der Besuch anderer Veranstaltungen wie Jahrmärkte oder Kirmes-Feste hatten Seltenheitswert und blieben den Menschen oft lebenslang in Erinnerung.

Die einschneidenden Veränderungen im Alltags- und Berufsleben ab den 1950er Jahren hatten auch einen Wandel der Freizeit zur Folge. Hohe Beschäftigungsquoten bei steigenden Reallöhnen und sinkenden Arbeitszeiten brachten für breite Bevölkerungsteile einen deutlichen Zuwachs an Freizeit und Lebensqualität. Die steigende Kaufkraft, die weitestgehend abgeschlossene Elektrifizierung aller Haushalte sowie die rasante Entwicklung verschiedenster Maschinen und Geräte, ermöglichte auch durchschnittlichen Verdienern allerlei Annehmlichkeiten. In immer mehr Wohnungen fand man Waschmaschinen, (Tief-)Kühlschränke, Staubsauger und Elektroherde. Diese und andere technische Errungenschaften sorgten nicht nur für deutlich mehr Komfort, sondern auch für einen massiven Zeitgewinn.

Die verbesserte Aufklärung und verschiedene Verhütungsmethoden ermöglichten inzwischen eine Familienplanung entsprechend den persönlichen Wünschen. Niemand wurde mehr durch unerwünschten Kinderreichtum in Not und Armut gestürzt.

Aufgrund der gestiegenen Gehälter, sowie der wachsenden Vielfalt an Waren und kulturellen Angeboten, konnten die Menschen ihre Freizeit nun zunehmend für diverse Vergnügungen und Hobbys nutzen. Die größere Anzahl an Urlaubstagen, die den meisten Arbeitnehmern ab Mitte des 20. Jahrhunderts zur Verfügung stand, wurde immer öfter auch für Reisen genutzt. Ausgebaute Bahnstrecken, angebotene Busreisen und immer öfter auch das eigene Motorrad oder der eigene PKW erweiterten die Möglichkeiten beträchtlich.

Wurde vor einigen Jahrzehnten in vielen Familien noch das ganze Jahr für den zweiwöchigen Campingurlaub gespart, sind heute zwei, drei oder mehr Reisen pro Jahr für viele nichts Ungewöhnliches. Häufig fährt man nicht mehr, sondern man fliegt. Auch die Unterkünfte werden immer komfortabler, um nicht zu sagen luxuriöser, die Unternehmungen spektakulärer.

Aber nicht nur der Urlaubsmarkt, auch die restliche Freizeitindustrie boomt. Gerne versorgen wir uns mit dem neuesten Equipment für unsere Interessen – sei das die Ski- oder Tauchausrüstung, Wanderkleidung, Kamera, Bücher, die Heimkinoanlage, ein Motorrad, Hometrainer, oder, oder. Kurz gesagt: Die meisten von uns leben nicht schlecht.

Aber, auch was sich so paradiesisch anhört, birgt wiederum seine Tücken. Scheinbar schafft es der Mensch, selbst aus den schönsten Dingen noch ein Problem zu machen. Denn wir lassen es uns in dieser freien Zeit nicht einfach gut gehen und genießen unser Dasein, sondern erleben auch die Freizeit über weite Strecken als eine Art Wettbewerb und setzen uns damit wiederum unter Druck. Ja, so sind sie halt, die Menschen. Wir haben auch in der Freizeit, die eigentlich der Erholung und Entspannung vom Arbeitsleben dienen sollte, oft das Gefühl, etwas Besonderes erleben oder leisten zu müssen. Wir wollen mithalten, mit den aktuellen Trends, mit Nachbarn, Kollegen und Freunden.

Freizeit – wirklich frei

„Menschen tun alles, um Stress während der Arbeitszeit zu vermeiden, und ihn in der Freizeit zu suchen."

Prof. Querulix

Noch in den sechziger Jahren des letzten Jahrhunderts war eine der beliebtesten Freizeitbeschäftigungen, aus dem Fenster zu schauen. Das klingt nett und beschaulich, aber wer würde sich heute noch trauen, eine solche Tätigkeit ernsthaft als Hobby anzugeben. In der Regel haben wir das Gefühl, auch in unserer Freizeit etwas Sinnvolles und Vorzeigbares tun zu müssen. Wie oft werden wir nach einem Wochenende von Freunden oder Kollegen gefragt, was wir denn unternommen haben. Wir fühlen uns dann meist regelrecht verpflichtet, etwas Aufregendes und Beeindruckendes berichten zu müssen. Dass wir die Wohnung geputzt, Wäsche gewaschen, Gartenbeete gejätet und die Meerschweinchen ausgemistet haben, erscheint uns irgendwie nicht präsentabel genug. Und noch weniger macht die Tatsache her, dass wir abends um halb neun vor dem Fernseher eingeschlafen sind. Müsste man am Wochenende nicht eigentlich spontan an den Gardasee fahren, an einer Fortbildung teilnehmen, ins Museum gehen oder wenigstens ins Kino? Nein, Sie müssen gar nichts!

Wir Menschen haben sehr individuelle Vorlieben und Abneigungen, entsprechend stark unterscheiden wir uns auch in der Art und Weise, wie wir Entspannung, Erfüllung oder Seelenfrieden finden. Für den Einen bedeutet eine Abenteuerreise durch die Wüste das ultimative Glück, für den Anderen Horror. Der Eine liebt Kreuzworträtsel und ist Stolz auf jedes gefundene Wort, der Nächste empfindet sie als Gipfel der Langeweile. Das ist nichts Negatives, sondern die ganz normale Variationsbreite des menschlichen Gemütes. Und das sollten wir auch respektieren. Lassen Sie sich also bitte von niemandem einreden, dass Sie Ihr Lebensglück darin finden werden, einen Yogakurs zu besuchen, Fallschirm zu springen oder Klettern zu gehen, wenn Sie selbst eine tiefe Abneigung dagegen hegen und sich dabei unwohl fühlen. Natürlich kann es nicht schaden, auch mal etwas Neues auszuprobieren und seine Komfortzone hin und wieder zu verlassen. Aber als Ausgleich zur Arbeit und diversen Pflichten sollten Sie etwas tun, was Ihnen einfach nur Freude bereitet und Kraft gibt.

Häufig sind wir im geschäftigen (Arbeits-)Alltag gezwungen, wichtige Bedürfnisse wie beispielsweise ausreichend Schlaf, Ruhe, körperliche Nähe, Bewegung oder Abwechslung zu vernachlässigen. Umso wichtiger ist es daher, dass wir uns diesen Bedürfnissen in der Freizeit widmen. Was der Einzelne genau braucht und was für ihn ganz persönlich Lebensqualität und Entspannung bedeutet, kann sich von Person zu Person drastisch unterscheiden. So wird sich vielleicht jemand, der die Arbeitszeit hautsächlich sitzend in einem Büro verbringt, in der Freizeit nach Bewegung, Abwechslung und sozialen Kontakten sehnen. Hingegen sucht ein Anderer, der viel schwere körperliche Arbeit, geschäftigen Kundendienst oder eine soziale Tätigkeit verrichtet, im Privatleben wahrscheinlich eher Ruhe und Entspannung. Dies sind freilich nur Beispiele, die Realität ist natürlich wesentlich komplexer und vielfältiger. Deshalb ist es besonders wichtig, sich der eigenen, ganz individuellen Bedürfnisse und Wünsche bewusst zu werden, ohne sich zu sehr von äußeren Normen und Modeerscheinungen beeinflussen zu lassen. Wie oft orientieren wir uns bei der Gestaltung unserer Freizeit an Erzählungen von Bekannten, Artikeln in Zeitschriften oder Fernsehreportagen. Häufig entsteht ein regelrechter Gruppenzwang, der uns mehr oder weniger subtil vorschreibt, was wir „unbedingt gesehen oder getan haben müssen". Wir raffen uns dann auf und absolvieren halbherzig das Programm, das sich in diesem Fall Freizeit nennt.

Gehören Sie auch zu den Menschen, die sich immer wieder zu Unternehmungen überreden lassen, nach denen Ihnen eigentlich gar nicht der Sinn steht? Oder fühlen Sie sich verpflichtet, Einladungen von Bekannten zu folgen, die Sie eigentlich gar nicht sehen wollen? Oft sind es lediglich unser Pflichtgefühl, ein (unbegründetes) schlechtes Gewissen, die Angst etwas zu verpassen oder ausgeschlossen zu werden, die uns diverse Verbindlichkeiten eingehen lassen. Nicht selten fühlen wir uns nach solchen Terminen erschöpfter, als nach der Arbeitswoche, von der wir uns eigentlich erholen wollten.

Versuchen Sie deshalb, sorgsam mit Ihren Kräften umzugehen. Ihre Energiereserven sind nicht unendlich und sollten deshalb mit Bedacht eingeteilt werden. Respektieren Sie Ihre eigenen Grenzen und Bedürfnisse sowie auch die anderer.

Sie sind zu müde, um mit einer Freundin ins Theater zu gehen? Dann sagen Sie es ihr! Ein Freund lädt Sie zu einer Motorradtour ein, aber Sie haben Angst und fühlen sich unwohl dabei? Dann äußern Sie offen Ihre Bedenken! Sie möchten eine Feier früh verlassen, weil Ihnen die Musik dort zu laut ist und Ohrenschmerzen bereitet? Dann tun Sie es! Es ist Ihr gutes Recht, eigene Vorlieben und Bedürfnisse zu haben und diese auch zu äußern! Es ist absolut kein Verbrechen, müde und erschöpft zu sein, vor etwas Angst oder schlicht und ergreifend keine Lust zu haben. Und Sie können ganz sicher sein, andere werden Ihre Ehrlichkeit und Authentizität zu schätzen wissen. Man wird Ihre Ungezwungenheit bewundern und sich in Ihrer Gegenwart entspannt fühlen. Auch Ihre Freunde und Bekannten werden sich dann freier fühlen, einfach sie selbst zu sein und niemandem etwas vorspielen zu müssen.

Beispiel Alexander Groß: *Alexander arbeitete als Angestellter in einem Landratsamt. Jeden Montagmorgen wurde er von verschiedenen Kollegen gefragt, wie er denn das Wochenende verbracht habe. Diese erzählten im Gegenzug ausführlich von ihren eigenen Unternehmungen: Bergtouren, Konzertbesuchen, diversen Festen, Casino- oder Thermenbesuchen. Alexander hörte interessiert zu, berichtete aber selbst selten etwas anderes, als „Ich habe gut auf meine Katze und mein Sofa aufgepasst." Mit der Zeit fielen auch die Erzählungen der Kollegen über ihre Freizeit weniger glamourös aus und man hörte immer mehr Berichte von notwendigen Hausarbeiten, Wäsche waschen, lange Ausschlafen, Auto putzen, Fernsehabenden oder Kinder beaufsichtigen.*

Viele von uns haben das Entspannen und Nichtstun regelrecht verlernt. Wir reagieren schon mit Unmut, wenn beim Bäcker mehr als 2 Kunden vor uns stehen oder wir in einer Arztpraxis 20 Minuten warten zu müssen. Wir fühlen uns regelrecht getrieben und meinen, immer mehr schaffen und erleben zu müssen. Werden wir zum Warten gezwungen, greifen wir in der Regel zumindest zum Handy und tippen emsig darauf herum. Wir befürchten, dass bereits einige Minuten der Untätigkeit unsere Produktivität und Effizienz mindern könnten. Aber ich kann Sie beruhigen – in Wahrheit ist das Gegenteil der Fall.

Regelmäßige Pausen sind für unseren Körper und Geist enorm wichtig. Bei einem Mangel an Erholungsphasen fühlen wir uns müde, erschöpft, gereizt, unkonzentriert und zerstreut. Ist das Nervensystem permanent in Aktion, steht uns nur noch ein Bruchteil unserer Hirnleistung zur Verfügung. Außerdem steigt das Risiko für stressbedingte Beschwerden wie Kopfschmerzen, Schlafstörungen, Rückenschmerzen oder Bluthochdruck.

Ausreichend Ruhephasen hingegen, in denen wir wirklich entspannen und möglichst gar nichts tun, machen uns leistungsfähiger, kreativer und lassen uns Probleme leichter lösen. Unsere Arbeitstage verlaufen auf diese Weise nicht nur wesentlich angenehmer und kräfteschonender, sondern auch noch erfolgreicher. In diesen Leerlaufphasen, in denen wir uns vielleicht faul und träge fühlen, ist unser Gehirn nämlich besonders aktiv: es werden neue Nervenverbindungen gebildet, Gelerntes wird verarbeitet und gefestigt. Empfohlen werden mindestens 10 Minuten Pause nach 90 Minuten Anstrengung, da dieser Takt gut mit unserem Biorhythmus harmoniert. Denn nach circa eineinhalb Stunden Aktivität werden in unserem Körper die Nerven des Sympathikus von denen des Parasympathikus abgelöst. Die Letzteren sorgen dann für die nötige Ruhe und Regeneration. Dieser Zeitraum ist entsprechend ideal für eine Pause. Natürlich gibt es auch hier individuelle Abweichungen und Vorlieben, denen der Einzelne auf die Weise Rechnung tragen sollte, die ihm besonders guttut.

Wer im Beruf häufig unter Druck und Anspannung steht, kennt wahrscheinlich das Problem, anschließend nur schwer Ruhe und Entspannung zu finden. Grund dafür ist das Hormon Adrenalin, das unser Körper in bedrohlichen Situationen ausschüttet und ihm somit zusätzliche Energie für „Flucht" oder „Angriff" zur Verfügung stellt. Diese Reaktion unseres Körpers war in der früheren menschlichen Geschichte höchst sinnvoll und bei der anschließenden Bewegung – nämlich beim Kämpfen oder Weglaufen – wurde das Adrenalin dann wieder abgebaut. Heute allerdings ist ein solches Verhalten nur noch in den seltensten Fällen angebracht. Im Gegenteil, meist müssen wir im Beruf gerade in sehr belastenden, stressreichen Situationen besonders ruhig, besonnen und souverän agieren. Dieses Kontrollieren und Tarnen unserer Anspannung sowie unserer Gefühle wie Wut, Ärger oder Angst, setzen uns noch zusätzlich unter Druck. Nur die wenigsten Arbeitsstellen beinhalten heute noch intensive körperliche Betätigung. Es fehlt die Möglichkeit, sich abzureagieren und das Adrenalin, das unseren Körper überflutet, abzubauen. Nehmen Sie sich daher regelmäßig – insbesondere aber in angespannten, stressreichen Situationen – genügend Zeit für Bewegung. So sorgen Sie dafür, dass das Adrenalin in Ihrem Körper anderen Hormonen Platz macht, die für Entspannung, erholsamen Schlaf (Melatonin) oder Glücksgefühle (z. B. Serotonin, Oxytocin) sorgen. Falls es Ihnen an entsprechenden Möglichkeiten mangelt, laufen Sie notfalls einige Male flott im Treppenhaus auf und ab.

Tipps für jeden Tag

- Warten Sie mit Erholungspausen nicht, bis alle nötigen Aufgaben erledigt sind, da dies in der Regel nie der Fall ist. Schieben Sie lieber regelmäßig Entspannungseinheiten dazwischen. Abwasch, Schmutzwäsche und Co werden brav auf Sie warten – leider.

- Orientieren Sie sich bei der Planung Ihrer Freizeit nicht an Trends oder den Aktivitäten anderer, sondern an Ihren ganz persönlichen Bedürfnissen.

- Wie Sie Ihre freie Zeit verbringen ist Ihre Privatsache, Sie müssen darüber niemandem Rechenschaft ablegen – auch, wenn manche Arbeitskollegen, Freunde oder Bekannte da anderer Meinung sein sollten.

- Verzichten Sie auf Fernsehsendungen, die Ihnen nicht gut tun oder bei Ihnen vermehrt Grübeleien und Ängste auslösen (Gewalt, schlechte oder unwichtige Nachrichten etc.).

- Wählen Sie Freizeitbeschäftigungen, die nichts mit Ihrem Beruf zu tun haben. Sie werden sehr rasch merken, ob eine Tätigkeit Ihnen tatsächlich Abstand zum Arbeitsalltag verschafft. Ist dies nicht der Fall, versuchen Sie es mit Alternativen.

- Achten Sie ganz besonders auf genügend Schlaf. Wenn es daran mangelt, wird auch das schönste Hobby nicht für Erholung sorgen.

- Probieren Sie verschiedene Freizeitbeschäftigungen aus und entscheiden Sie, was Ihnen besonders wohl tut:

  Bewegung (Laufen, Radfahren, Schwimmen, Spaziergänge, Tanzen, Gärtnern etc.): lockert verkrampfte Muskeln, senkt die Menge an Stresshormonen im Blut, kann den Kopf frei machen, hat unter anderem positive Effekte auf das Herz-Kreislauf-System, den Stoffwechsel, die Körperkoordination sowie Muskeln und Gelenke

  Ruhe (Ausruhen, Schlafen, Musik hören, Beschäftigung mit Haustieren, leichte Handarbeiten, Lesen, Malbücher ausmalen, Puzzle zusammensetzen, Aufenthalt in der Natur etc.): gerade, wer im Beruf sehr gefordert und viel auf den Beinen ist, braucht als Ausgleich etwas, das die Kräfte schont und regeneriert sowie den Geist zur Ruhe bringt

  Kreativität (Basteln, Schreiben, Malen, Besuch kultureller Veranstaltungen, Schneidern etc.): tut vielen Menschen besonders gut, die sich im Beruf eher einseitig belastet oder unterfordert fühlen, vermittelt Kompetenz und Erfolgserlebnisse, kann langfristig besonders befriedigend sein

Soziale Kontakte (Ausgehen, Kurse besuchen, soziales Engagement, Gesellschaftsspiele, Unternehmungen mit Partner, Kindern oder Freunden etc.): befriedigende soziale Beziehungen und ein regelmäßiger zwischenmenschlicher Austausch fördern signifikant Gesundheit und Wohlbefinden, allerdings ist das Bedürfnis nach Geselligkeit individuell verschieden und die persönlichen Grenzen sollten stets geachtet werden

- Wer zum Grübeln neigt, sollte Tätigkeiten wählen, welche die Aufmerksamkeit ablenken und zumindest leichte Konzentration fordern (Lesen, Kreuzworträtsel lösen, Puzzle zusammensetzen, Malen, Tischtennis spielen, Fernsehen, Gespräche mit Freunden usw.). Routinetätigkeiten oder Ausdauersportarten eigenen sich weniger gut, da wir während der eingeübten Bewegungsabläufe häufig weiter über Probleme nachdenken.

- Planen Sie immer wieder kleine Fluchten aus dem Alltag, auf diese Weise haben Sie etwas, worauf Sie sich freuen können. Diese Lichtblicke werden Ihnen helfen, den tristen Alltag durchzustehen.

Nachgedacht

- Wie lange halten Sie es aus, einfach gar nichts zu tun? Was zwingt Sie in der Regel als Erstes, wieder in Aktion zu treten: das schlechte Gewissen, faul zu sein; Ihr Bewegungsdrang; die Sorge, etwas zu verpassen oder beginnen Sie in solchen Leerlaufzeiten schnell zu grübeln?

- Die meisten von uns schieben die Erfüllung bestimmter Pläne und Wünsche immer wieder auf, nach dem Motto: „Wenn erst mal ... (die Kinder aus dem Haus sind, mehr Geld gespart ist, wir in Rente sind, oder, oder ...). Natürlich können nicht alle Wünsche sofort erfüllt werden. Manchmal verschieben wir aber gerade die Dinge, die uns besonders am Herzen liegen und unserer Seele gut täten, bis in alle Ewigkeit. Welche Herzenswünsche könnten Sie sich zumindest im Mini-Format auch jetzt schon erfüllen? So ist vielleicht momentan die Weltumseglung nicht möglich, sehr wohl aber eine Flusskreuzfahrt auf dem Rhein oder auf der Donau. Sie wünschen sich sehnlichst einen Hund, haben aber nicht genügend Zeit oder Platz? Vielleicht können Sie sich als Alternative regelmäßig um einen Paten-Hund im Tierheim kümmern.

- An welchen Orten haben Sie sich immer besonders wohl und geborgen gefühlt? Können Sie in Ihren Alltag öfters eine kleine Flucht an einen solchen Ort einplanen?

- In welche Tätigkeiten konnten Sie als Kind oder Jugendlicher komplett „eintauchen", worüber haben Sie Raum und Zeit vergessen? Hätte eine ähnliche Beschäftigung vielleicht auch heute einen großen Erholungswert für Sie?

- Was sehen, riechen, hören und spüren Sie besonders gerne? Worüber können Sie herzhaft lachen? Bauen Sie diese Elemente verstärkt in Ihr Leben ein!

Druck in Beziehungen und Familie

Erfüllende zwischenmenschliche Beziehungen sowie ein freundliches, verlässliches soziales Umfeld sind ausschlaggebende Bedingungen für ein zufriedenes Leben. Partnerschaften, Familie und Freunde bilden häufig das Kernstück unserer Existenz. Entsprechend bemüht sind wir auch, diese Bereiche zu pflegen und zu schützen. Doch trotz besten Willens ist es gar nicht so leicht, neben beruflicher Karriere, Haushalt und sonstigen Verpflichtungen auch noch liebevoller Partner, fürsorgliches Elternteil sowie hilfsbereiter Freund und Verwandter zu sein. Häufig fehlen uns zur gebührenden Pflege sozialer Beziehungen schlichtweg Zeit und innere Ruhe, wo der Terminkalender doch ohnehin schon überquillt. So werden wir oft unseren eigenen Ansprüchen und Wünschen in diesem Bereich nicht gerecht. Noch mehr geraten wir unter Druck, wenn Partner, Nachwuchs, Eltern, Geschwister oder Freunde mehr gesellige Stunden und Unternehmungen einfordern.

An dieser Stelle loben wir gerne die „gute, alte Zeit", begleitet von einem verklärten Blick und wehmütigem Seufzen. Unsere Gedanken drehen sich dann meist um das einträchtige Zusammenleben mehrerer Generationen auf malerischen Landgütern mit hübschen Gärten, über deren Zäunen Sonnenblumen und Stockrosen leuchten. Wahrscheinlich watscheln in diesem Bild ein paar Gänse über die Wiese und eine Herde Kühe oder Pferde grast genüsslich in der Sonne. Die menschlichen Bewohner des Anwesens bestehen aus Großeltern, Eltern, Kindern und Enkeln, plus ein paar ledigen Tanten und Onkeln. Alle leben harmonisch und weitgehend sorgenfrei unter einem Dach. Am Abend sitzen sie gemütlich bei Handarbeiten und einem Plausch zusammen, mit etwas Glück spielt jemand Zither oder Akkordeon. Die gesunden, rotbackigen Kinder spielen lachend mit Puppen und Zinnsoldaten. So oder so ähnlich sieht das Familienidyll in der Regel aus, das wir der „guten, alten Zeit" zuschreiben.

An der Gegenwart werden hingegen gerne die ewige Hektik und der mangelnde Zusammenhalt kritisiert. Wir beanstanden, dass Eltern zu wenig Zeit für ihre Kinder haben, Paarbeziehungen zu unbeständig sind und der Verwandtschaftsverband häufig zerrissen ist.

Soweit, so gut. Sowohl die Sehnsucht nach dem friedlichen Ideal, als auch die Kritik an der heutigen Zeit haben sicherlich ihre Berechtigung. Aber war jenes heile Familienbild in der Vergangenheit tatsächlich vorherrschend?

Zweifellos hat es in einzelnen Fällen existiert, wie es auch heute noch weitgehend ungetrübtes Familienglück gibt. In der Mehrzahl der Fälle allerdings sah die Realität deutlich anders aus.

Das Zusammenleben mehrerer Generationen und eventuell Bediensteter unter einem Dach war nicht selten von Konflikten geprägt. Gerade eingeheiratete Schwiegersöhne und -töchter hatten es oft sehr schwer und wurden vielfach nur widerwillig in den Familienbund integriert.

Zu Beginn des 20. Jahrhunderts war es meist noch üblich, dass die Eltern passende Ehepartner für ihre Kinder auswählten oder zumindest deren Zustimmung nötig war. Zuneigung oder gar Liebe spielte dabei – wenn überhaupt – eine untergeordnete Rolle. Ausschlaggebend waren Herkunft, Besitz und Tüchtigkeit des Bewerbers.

Betty, geboren 1931 in Rheinhessen, schreibt über ihre Eltern:

„ ... vor meiner Mutter hatte ich einen Heidenrespekt wegen ihrer unerbittlichen Konsequenz.

Mein Vater war das genaue Gegenstück. Schon als Kind habe ich mich oft gefragt, wie die beiden sich überhaupt gefunden haben! Wie konnte das überhaupt gehen? Die waren doch wie zwei verschiedene Paar Schuhe. Aber es ging irgendwie. Allerdings haben damals die wenigsten Frauen aufgemuckt, denn was hätten sie denn alleine anfangen sollen? Man war ja schon froh, wenn man einen Mann hatte, der arbeitsam war, der einen nicht schlug und der nicht trank. Und so hat auch meine Mutter trotz ihrer Konsequenz letztlich immer pariert. " (23)

Die Ehe war eben für die meisten in erster Linie eine Zweckgemeinschaft. Man war aufeinander angewiesen, voneinander abhängig. Da die wirtschaftliche Situation vieler Familien damals wesentlich unsicherer war als heute, stand die Sorge um ausreichend Nahrung, Kleidung und Heizmaterial, um passable Wohnverhältnisse oder die Versorgung von Kranken an erster Stelle. Liebe und Harmonie waren da oft nachrangig.

Zudem konnten Paare in der Regel erst heiraten, wenn entsprechender Wohnraum zur Verfügung stand sowie ausreichend finanzielle Mittel, um eine Familie zu versorgen. Aus diesen Gründen verzögerten sich Eheschließungen häufig um viele Jahre oder waren gänzlich unmöglich.

In unserer jetzigen Zeit lebt der Großteil der Bevölkerung – auch dank sozialer Sicherungssysteme – in recht soliden und sicheren wirtschaftlichen Verhältnissen. Männern wie Frauen stehen breite Lebens-, Verdienst- und Unterstützungsmöglichkeiten offen, sodass eine Abhängigkeit vom Partner meist nicht mehr gegeben ist.

Mit diesem zusätzlichen Maß an Freiheit sind aber auch unsere Ansprüche an eine Beziehung massiv gewachsen. Wir geben uns meist nicht mehr mit einer Vernunftehe zufrieden, sondern erwarten kaum weniger als die große, ewige Liebe sowie weitere Vorteile wie Status und finanziellen Zuwachs.

Leider scheint sich das erhoffte Glück – trotz aller Möglichkeiten – nur für die wenigsten zu erfüllen. Die Scheidungsrate in Deutschland betrug im Jahre 2015 ganze 40,82 %, wobei sie allerdings im Vergleich zu den vorangegangenen Jahren bereits wieder gefallen war. Im Jahre 2005 erreichte sie ein Hoch von 51,92 %. Als Vergleichswert: 1960 lag die Scheidungsrate in Deutschland gerade bei 10,66 %. Dies ist nicht der Ort, um die Zahlen eingehend zu analysieren und zu werten. Aber sie zeigen auf jeden Fall ein deutlich gestiegenes Maß an Selbstbestimmung und Autonomie in der Bevölkerung.

Ein Grund für diese Entwicklung ist sicherlich die wesentlich größere Palette an Optionen, die sich dem einzelnen heute bieten. Noch vor hundert Jahren war die Lebenswelt der meisten Menschen auf einen relativ kleinen Radius um den Wohnort beschränkt, mit eher wenigen, beständigen Bezugspersonen. Auch die Chancen bei der Berufs- oder Partnerwahl hielten sich dementsprechend in engen Grenzen.

Heute dagegen denken und handeln wir, dank Fernsehen, Internet, Reisen etc., in größeren Dimensionen, oft mehr oder weniger global. Unsere Lebenswelt und die damit verbundenen Möglichkeiten sind – zumindest scheinbar – riesig. Und je größer die Auswahl, desto wahrscheinlicher ist es natürlich auch, dass man sich nach Alternativen umsieht – ob das nun den Wohnort betrifft, den Beruf oder eben den Lebenspartner.

Ein weiterer Grund für die gestiegene Scheidungsrate ist sicherlich der Umstand, dass eine Scheidung heute gesellschaftlich viel mehr akzeptiert wird, als früher, und für die beteiligten Personen wirtschaftlich und sozial weniger negative Folgen hat.

Ein prägendes Merkmal der meisten Familien zu Beginn des 20. Jahrhunderts war der enorme Kinderreichtum. Dieser war einerseits religiös bedingt, aber auch auf mangelnde Aufklärung und Verhütungsmethoden zurückzuführen. Sieben bis fünfzehn Kinder waren durchaus üblich.

Die Nachkommen der Familie Resch aus St. Stefan im Rosental/Österreich (geboren zwischen 1942 und 1948) erzählen aus ihrer Kindheit:

„Bei uns waren 16 Kinder, 12 Dirndln und vier Buam. Eines, ein Mädchen, ist mit einem Jahr gestorben ...

Eigentlich haben rundherum alle viele Kinder gehabt, der eine elf, der andere sieben. Denn die vielen Kinder hat man zum Arbeiten gebraucht. Sonst hätte man fremde Arbeiter bezahlen müßen und die Tagelöhner waren auch nicht so dicht gesät. Wenn da jemand nur ein oder zwei Kinder gehabt hätte, die wären arm dran gewesen. Aber so wenige Kinder hat es nirgends gegeben, ich kann mich nicht erinnern ....

Auf die Kleinen geschaut haben aber vor allem die älteren Geschwister. Wenn wir beim Mittagessen beieinander gesessen sind, hat jeder ein Jüngeres auf den Arm genommen und hat ihm das Essen gegeben. Alleine hätte die Mutter das ja nie geschafft.

Die Erziehung ist so nebenbei mitgegangen. Die ersten vier Dirndln haben die kleineren erzogen, die Mutter hat das sowieso nicht überblicken können. Wir Kinder waren immer unter uns. Es war selbstverständlich, daß wir uns um die Kleineren kümmern ...

Arbeiten lernt man von Kind auf, sobald man es vermag. Unsere Mutter hat sehr viel gearbeitet und von ihr haben wir es auch gelernt ...

Ihre Kindheit war ja das Gleiche, wie unsere Kindheit, nur Arbeit!" (24)

Gerade für Bauern war eine hohe Kinderzahl in der Regel ein Segen, da die Nachkommen als Arbeitskräfte benötigt wurden. Für viele andere allerdings bedeuteten die zahlreichen – oft ungeplanten und unerwünschten – Geburten Not und Armut. Nicht selten wurden Kinder zu anderen Familien in Pflege gegeben (vor allem von ledigen und verwitweten Müttern) oder auf Bauerhöfe in den Dienst geschickt.

Auch Frieda Mooshammer, Jahrgang 1929 aus Peuerbach/Oberösterreich) durchlief mit ihrem Bruder eine regelrechte Odyssee von Pflegeplätzen, da der Vater die Familie aufgrund von Arbeitslosigkeit nicht ernähren konnte und die Mutter dadurch zu einer auswärtigen Berufstätigkeit gezwungen war. Ihre ersten Pflegefamilien sahen folgendermaßen aus:

„Unser erster Pflegeplatz war im gleichen Haus. Die Familie Krebecek hatte einen eigenen Hauseingang. Die Frau hatte einen Witwer mit zwei Kindern geheiratet. Mit diesen Kindern hatte sie keine rechte Freude, aber mein Bruder war ihr spezieller Liebling. Und so wäre es für uns eigentlich erträglich gewesen. Jedoch hatte die Familie ihre eigenen Probleme. Mann und Kinder waren bedrückt, und die Frau trank Rum. Ich erinnere mich noch daran, daß sie dann mit meinem Bruder Feri in ihrer kleinen Wohnküche herumtanzte und besonders ausgelassen war.

Das Ganze mußte wohl meine Eltern gestört haben, und wir kamen zu einem alten Ehepaar ... Pflegekinder gab's in dieser Zeit viele. Die jungen Leute konnten oft mit ihrem kärglichen Einkommen keinen Hausstand gründen. So mußten die ledigen Mütter ihre Kinder auf Pflegeplätze geben. Und nicht immer war eine Großmutter da.

Unsere alten Pflegeleute waren mit meinem zweijährigen Bruder nun vollkommen überfordert, und ich fühlte mich als ‚unerwünschte Person'. Erwünscht wäre lediglich das Pflegegeld gewesen. Die kärglichen Pflegegelder waren für viele Mittellose oft die einzige Möglichkeit für einen kleinen Verdienst ...

Unsere Mutter hatte für uns einen neuen Pflegeplatz gefunden, und zwar in Wels im Hause der ‚Hannitante'. Da wohnte im Erdgeschoß eine Frau Pürstinger in einer Zweizimmerwohnung. Auch sie hatte neben einem Bettgeher schon öfter Pflegekinder aufgenommen ...

Die Verpflegung bei dieser Frau war einfach. Zum Nachtmahl bekamen wir jeden Tag schwarzen Tee und Brot ...

Aber auch der Frau Pürstinger war der dreijährige Feri ein Dorn im Auge. Sie warf mir ständig vor, daß sie viel lieber auf zwei Kleine aufpassen wollte. ‚Den da' könne sie ja den ganzen Tag nicht aus den Augen lassen. Feri war ein lebhaftes Kind und von dem ständigen Wechsel sicher gänzlich aus der Ruhe gebracht. Es bedrückte mich sehr." (25)

Ein weiterer Faktor, der zahlreiche Familien in Sorge und Elend stürzte, war die hohe Sterberate bei jüngeren Menschen. Wegen mangelnder Hygiene, unzureichender ärztlicher Versorgung beziehungsweise den weniger entwickelten medizinischen Möglichkeiten starben viele Menschen (Erwachsene und Kinder) an Infektionskrankheiten wie Diphtherie, Kinderlähmung, Keuchhusten, Grippe oder Lungenentzündung. Auch Geburten, Unfälle, Wundinfektionen und natürlich die beiden Weltkriege bargen ein hohes Risiko.

Bei der Aufzucht der meist großen Kinderschar konnte sich die Mutter oft nur sehr eingeschränkt um jedes einzelne Kind kümmern. In der Regel übernahmen ältere Geschwister, Großeltern oder Verwandte die Pflege und Erziehung des Nachwuchses. Nicht selten waren die Kleinen weitgehend sich selbst überlassen. Auch die oft mangelhafte Ernährung und Hygiene trugen ihren Teil zu einer hohen Kindersterblichkeit bei.

Aber nicht nur Nähe, Fürsorge und Zärtlichkeiten blieben aufgrund des üppigen Arbeitspensums der Eltern häufig auf der Strecke. Auch musste der Nachwuchs vielfach schon in jungen Jahre hart arbeiten – für Spiele blieb da wenig Zeit. Spielsachen gab es in den meisten Elternhäusern kaum. Puppen wurden oft aus einfachen Gegenständen wie Holzscheiten, Stroh und Sackleinen selbst angefertigt. Ansonsten behalfen sich die Kinder mit ausrangierten Gegenständen (kaputten Rädern, Lumpen und Ähnlichem) oder Materialien aus der Natur, die nichts kosteten (Tannenzapfen, Stöckchen, Steinen, Pflanzen etc.). Besonders beliebt waren auch Gruppenspiele und -unternehmungen, für die man keine speziellen Utensilien brauchte, wie beispielsweise Verstecken, Fangen, „Räuber und Gendarm", auf Bäume klettern oder Singen. Als Geschenke zu Weihnachten gab es in der Regel Nützliches wie Socken, Handschuhe oder ein Unterhemd, wenn es hoch kam, auch neue Puppenkleider – meist alles von der Mutter selbst angefertigt. Dazu vielleicht ein paar Plätzchen, Nüsse oder Äpfel.

In der Erziehung – zu Hause wie in der Schule – wurden Fleiß und Gehorsam meist streng eingefordert, nicht selten mit harten Strafen wie Schlägen, Essensentzug, dem Knien auf Holzscheiten oder Einsperren in den Keller. Den Eltern zu widersprechen, oder deren Anordnungen zu hinterfragen, war für viele Kinder undenkbar. Außerdem wurden Kinder in der Regel dazu angehalten, sich Erwachsenen gegenüber nur dann zu äußern, wenn sie gefragt wurden.

Schulwege waren häufig lang und mussten bei jeder Witterung zu Fuß zurückgelegt werden. In den Schulklassen wurden häufig sehr viele Kinder mehrerer Jahrgänge gemeinsam unterrichtet, wodurch größere Lernerfolge oft ausblieben. Auch von einer freien Berufswahl und der Möglichkeit, eine Ausbildung zu absolvieren, konnte bis Mitte des 20. Jahrhunderts für viele junge Menschen keine Rede sein. In den meisten Fällen bestimmten die Eltern sowie deren wirtschaftliche Situation über die berufliche Zukunft ihrer Kinder. Bei Mädchen betrachtete man eine Ausbildung häufig als Zeit- und Geldverschwendung, da sie ohnehin bald heiraten und eine Familie gründen würden. Damit wiederum wurde einer verstärkten Abhängigkeit der Frauen von ihren späteren Ehemännern Vorschub geleistet.

Wilma, geboren 1913 in Rheinhessen, schreibt über ihre Kindheit:

„Ein Jahr später kam ich in die Schule. Wir gingen in eine sogenannte einklassige Landschule. Da waren alle Kinder in einem Klassenzimmer zusammen, von den Sechsjährigen bis zu den Vierzehnjährigen. Die Großen mussten sich regelrecht in die Schulbänke reinquetschen. Weil sie von dem langen, unbequemen Sitzen ganz steif wurden, haben sie sich immer mal bewegt. Das hat unseren Lehrer so aufgeregt, dass er mit dem spanischen Rohr hin ist und sie auf den Rücken und die Hände geschlagen hat. Das war ungerecht. Die Großen hätten eben andere Bänke gebraucht.

Vor meinem Vater hatte ich immer ein bisschen Angst, besonders während der Schulzeit. Er verlangte, dass ich fleißig lernte, und vor allem, dass ich meine Schularbeiten noch vor dem Dunkelwerden fertig hatte. Aber das schaffte ich manchmal gar nicht. Während meine Eltern auf dem Feld waren, musste ich, ehe ich überhaupt zu den Hausaufgaben kam, spülen und abtrocknen, die Küche putzen und den Herd scheuern. Und wenn Einmachzeit war, gab es noch viel mehr zu tun: Erbsen oder Bohnen pulen, Zwetschen oder Kirschen entkernen – und das immer in riesigen Mengen ...

Nach meiner Schulentlassung wäre ich gerne auf die Bank gegangen. Wir sagten damals ,Kasse' dazu. Ich durfte Vater manchmal begleiten, wenn er dort zu tun hatte. Ich habe immer mit gro-

*ßem Interesse zugeschaut, wie der Kassierer mit dem Geld hantier-
te, wie er Papiere ausfüllte, wie er Sachen einordnete. In der Schule
hatte ich schon immer gerne gerechnet, besonders, wenn es um
Geld ging. Eine solche Arbeit hätte mir zugesagt. Aber Vater lehnte
meinen Berufswunsch rundweg ab.*

*,Nix da. Das gibt's nicht, dass du faul auf deinem Hintern rum-
hockst. Bei uns wird geschafft. Die Mutter hat Arbeit genug. Du
musst ihr helfen.'*

*Und ich hatte viel zu tun! Da war nicht nur der Haushalt! Ich
musste auch immer mit auf's Feld raus. Mit den zwei Ochsen wusste
ich umzugehen wie ein Fuhrknecht."* (26)

Die Kathl, Jahrgang 1929, erzählt von ihrer Schulzeit im Salzburger
Land:

*„Unser Schulweg war etwa vier Kilometer lang. Den mussten wir
bei jedem Wetter gehen, egal, ob es regnete oder stürmte. Manche
Kinder haben oft nach dem halben Weg schon angefangen zu weinen, und ich war da keine Ausnahme. Wir waren ja auch nicht entsprechend angezogen. Anoraks gab es noch keine, und vor allem
keine Hosen für Mädchen. Über unserem Kleid trugen wir eine
Strickweste mit langen Ärmeln und darüber einen Umhang aus grünem Loden. Wir hatten gestrickte Handschuhe und gestrickte
Strümpfe, die aber nur knapp übers Knie hinaufreichten. Bis zum
Bein der Unterhose war also nichts als nackte Haut. Unsere Schuhe
waren zwar richtig derbe, vom Schuster gemachte Lederschuhe,
aber sie waren nicht gefüttert und ließen die Kälte durch. Einmal
bin ich so durchnässt in der Schule angekommen, dass sich die Frau
des Direktors erbarmt und mir eines von ihren Kleidern gegeben
hat, während meine Sachen zum Trocknen am Ofen hingen, der mitten im Klassenraum stand.*

Wenn man so durchgefroren in der Schule ankam, hat man die ersten Stunden fast nichts lernen können. Es war, als ob das Gehirn auch eingefroren war. Dabei hatten meine Geschwister und ich es eigentlich noch gut. Es gab nämlich Kinder von noch weiter entfernten Höfen, die zweieinhalb Stunden Schulweg hatten.“ (27)

So waren Kindheit und Familienleben in der „guten alten Zeit“ oft weit weniger idyllisch, als wir heute gerne glauben mögen. Die Kinder hatten sich weitestgehend widerspruchslos den Bedingungen und Notwendigkeiten ihrer Herkunftsfamilie unterzuordnen.

Heute hingegen spielt der Nachwuchs mit seinen Wünschen und Bedürfnissen häufig die Hauptrolle im Familiengeschehen. Die meisten Eltern informieren sich ausführlich über das Thema Kindererziehung sowie die besten Fördermöglichkeiten für die Kleinen. Körperliche Strafen und Arbeitsaufgaben sind den meisten Kindern fremd. Die Sprösslinge bekommen nicht nur reichlich Spielsachen, sondern werden auch im Babyschwimmen, Ballettunterricht, Sportvereinen, Klavierunterricht, Nachhilfestunden, und, und, und umfassend betreut und gefördert – neben Kindergarten und Schule versteht sich. Zu den diversen Freizeitaktivitäten werden die Kinder von Mama und Papa – zwecks Effizienz und Sicherheit – nicht selten mit dem Auto chauffiert. Viele Eltern hegen schon in frühen Jahren Berufswünsche für ihre Nachkommen, besonders häufig vertreten sind dabei akademische Bildungsgänge wie Medizin, Rechtswissenschaften, Betriebswirtschaft, Ingenieurwesen und Ähnliches.

Der Unterschied zur durchschnittlichen Kindheit vor hundert oder gar 150 Jahren ist frappierend. Während der Nachwuchs damals für einen Großteil der Eltern in erster Linie als Arbeitskräfte oder Altersvorsorge interessant war, sehen gegenwärtig viele Eltern in ihren Kindern eine Art Projekt zur Selbstverwirklichung. Die

Nachkommen sollen häufig das an Karriere und Lebenserfolg nachholen, was ihnen selbst verwehrt blieb, beziehungsweise die Leistungen von Mutter und Vater zumindest fortsetzen. Erhalten die Sprösslinge in der Schule schlechte Noten, fühlen sich die Eltern dadurch nicht selten persönlich angegriffen und beschuldigen den jeweiligen Lehrer, er sei einfach nicht in der Lage, die außergewöhnlichen Fähigkeiten ihres Nachwuchses zu erkennen und zu würdigen. Eltern definieren sich häufig zu einem erstaunlichen Teil über ihre Kinder, umso größer ist dann die Enttäuschung, wenn die Sprösslinge doch keine gefeierten Stars oder wenigstens Bürgermeister werden. Man kann sich denken, welchen Druck solche Ansprüche vielfach auf die Kinder ausüben.

Ein weiterer Punkt, der oftmals an unserer heutigen Zeit kritisiert wird, ist, dass wir Beziehungen und Freundschaften zu wenig pflegen und stattdessen unpersönlich über Internet oder (Mobil-) Telefon kommunizieren. Das mag schon sein, aber wer hat wirklich die Zeit und Möglichkeit, sich ständig mit Freunden und Verwandten zu treffen, zumal diese oftmals im ganzen Land beziehungsweise auch im Ausland verstreut wohnen? Würde ein solcher Anspruch nicht noch mehr Stress für uns bedeuten? Ist es da nicht hilfreich, dass wir innerhalb weniger Sekunden oder Minuten zumindest Kontakt aufnehmen und erfahren können, wie es dem anderen geht? Vor allem, wenn wir bedenken, dass noch vor hundert Jahren die wenigsten Menschen ein Telefon besaßen, von Internet ganz zu schweigen. Aus Mangel an Zeit, Geld und Verkehrsmitteln war für die meisten Menschen eine Distanz von 10 Kilometern schon schwer zu überwinden. Entsprechend hatten auch damals Verwandte und Bekannte, die etwas weiter entfernt wohnten, meist nur sehr wenig bis gar keinen Kontakt.

Liebe und Sympathie kann man nicht erzwingen

„Sympathie ist ein heimlicher Vertrag, den die Herzen ohne Wissen des Kopfes schließen."

Autor unbekannt

„Du sollst deinen Nächsten lieben ..." – dieses schöne Ideal fordert die Bibel. Und tatsächlich wäre uns allen geholfen, wenn jeder seine Mitmenschen einfach lieben könnte, es keine Antipathie, keine Streitigkeiten, keinen Neid, keine Missgunst, keine Intoleranz, etc. gäbe. Ach, wäre das Leben nicht herrlich! Die Realität sieht leider anders aus.

Zwischen zwei Menschen, die sich begegnen, entwickelt sich immer eine ganz eigene Beziehungsdynamik. Wir sehen den Anderen aus unserem persönlichen Blickwinkel, der durch unsere Vorerfahrungen, Interessen und Einstellungen geprägt ist. So wird uns beispielsweise jemand, der uns optisch sehr an unsere Lieblingsschwester oder den besten Freund erinnert, auf den ersten Blick sicherlich sympathisch sein. Auf diese Weise reagieren wir ganz individuell auf die Eigenschaften unseres Gegenübers, woraus sich ein einzigartiges Zusammenspiel ergibt. Empfinden beide beteiligten Personen diese Interaktion als angenehm, sagt man „wir harmonieren gut miteinander" oder „wir liegen auf einer Wellenlänge". Ist das Zusammenspiel für einen oder beide Partner aus irgendeinem Grunde unangenehm, wird man sich in Zukunft wahrscheinlich eher aus dem Weg gehen und umschreibt das vielleicht mit den Worten „zwischen uns stimmt die Chemie nicht".

Das ist ein ganz normaler Prozess in zwischenmenschlichen Beziehungen. Und so sehr wir uns auch bemühen, es wird uns nicht gelingen, jeden unserer Mitmenschen zu mögen oder gar zu lieben.

Denn Sympathie und Liebe sind Gefühle, die nur sehr bedingt steuerbar sind.

Wir können andere freundlich und respektvoll behandeln, können zuvorkommend und hilfsbereit sein, aber ob wir jemanden von Herzen mögen oder lieben, entscheidet nicht unser Verstand, sondern das Gefühl.

Setzen Sie sich also nicht unter Druck, mit dem unerfüllbaren Ziel, jeden mögen zu müssen. Das gilt auch für Familienmitglieder. Denn, Freunde kann man sich bekanntlich aussuchen, Familie und Verwandtschaft nicht. Die Wahrscheinlichkeit, dass man mit dem einen oder anderen Mitglied der Familie weniger gut harmoniert, ist also ziemlich hoch. Machen Sie sich deshalb keine Vorwürfe, das ist völlig natürlich und in Ordnung so. Freilich hilft es, wenn man sich dennoch freundlich, höflich und fair behandelt, aber unsere Emotionen kann uns niemand vorschreiben.

Zu manchen Menschen fühlen wir uns besonders hingezogen und empfinden zu ihnen eine ungewöhnlich intensive Verbindung. Solche Beziehungen sind ein sehr wertvolles Geschenk, aber man kann sie nicht einfordern oder erzwingen. Das unsichtbare Band der Sympathie entsteht entweder auf natürliche, ungezwungene Art und Weise, oder eben auch nicht.

Selbstverständlich können sich die Gefühle für einen anderen Menschen auch im Laufe der Zeit verändern. Wir lernen uns näher kennen, verändern uns mit den Jahren, entwickeln uns weiter, unsere Lebensumstände, Wünsche und Pläne wandeln sich. Die Sympathie oder Liebe füreinander kann diese Veränderungen überdauern oder dadurch sogar wachsen. Die Verbindung zwischen zwei Personen kann sich aber auch nach und nach lockern oder ganz abreißen: das Interesse aneinander, das Vertrauen in den anderen oder die Anziehungskraft haben ein- beziehungsweise beidseitig nachgelassen.

Da uns beständige enge Bindungen in der Regel sehr wichtig sind, uns Halt und Stabilität vermitteln, wiegt ihr Verlust meist entsprechend schwer. Das Beenden einer Verbindung zum Lebenspartner oder auch zu einem engen Freund zögern wir deshalb oft lange hinaus oder erhalten diese aufrecht, obwohl sie längst nicht mehr die ursprüngliche Qualität besitzt. Sicherlich lohnt es sich in vielen Fällen, wieder aufeinander zuzugehen, eventuelle Missverständnisse oder Kränkungen zu klären und die Beziehung neu zu beleben.

Sollte dies nicht gelingen, quälen Sie sich nicht zu sehr mit Warum-Fragen und Schuldzuweisungen. Veränderungen und Weiterentwicklungen in unserem Lebenslauf sind natürliche Prozesse, für die es nicht immer einen Schuldigen geben muss.

Eine Partner- oder Freundschaftsbeziehung sollte unter dem Strich immer ein Plus für unser Leben bedeuten. Wenn Sie feststellen, dass Ihnen eine Verbindung auf längere Sicht ständig mehr Energie raubt, als sie Ihnen gibt, sollten Sie ernsthaft über eine Trennung/Distanzierung nachdenken. Zu einer Beziehung gehören immer zwei Partner und beide sollten darin Zuneigung, Geborgenheit, Loyalität und Unterstützung erfahren.

Wohlwollende, freundliche Menschen, denen wir vertrauen können, sind Felsen in der Brandung unseres Lebens. Sie schenken uns Mut, Kraft, Freude, Halt und Zuversicht. Ebenso können uns unpassende Personen aber auch viel Energie rauben, unser Vertrauen in uns selbst und die Welt schwächen, uns traurig machen. Vielleicht fühlen wir uns von einem vermeintlichen Freund auch zunehmend ausgenutzt, hintergangen oder ungerecht behandelt. Hat ein Mensch über längere Zeit eine solch negative Wirkung auf Sie, dann sollten Sie (schon aus Selbstschutz) den Kontakt deutlich reduzieren oder abbrechen.

Umgeben Sie sich mit Menschen, die Ihnen guttun, Ihnen Kraft geben, Sie optimistisch und fröhlich stimmen.

Tipps für jeden Tag

- Gerade in Paarbeziehungen setzen wir sehr unterschiedliche Prioritäten, so gehen die Einen eher pragmatisch vor und haben eine „Liste" von Bedingungen, die in ihren Augen eine gute Partnerschaft ausmachen. Für die Romantiker hingegen kommt nichts anderes infrage, als das Herz entscheiden zu lassen, sie suchen in erster Linie eine tiefe „innere Verbindung", Leidenschaft und Harmonie. Was für Sie persönlich eine gelungene Paarbeziehung definiert, entscheiden Sie ganz allein. Wichtig ist nur, dass die Beziehung für beide beteiligten Partner stimmig ist. Lassen Sie sich auch hier nicht zu sehr davon beeinflussen, was Ihnen vielleicht von Dritten (Bekannten, Medien etc.) als „normal" oder „neuester Trend" präsentiert wird. Leben Sie im Einklang mit Ihren eigenen Werten.

- Stellen Sie keine zu großen Anforderungen an Ihren Partner – kein Mensch kann das perfekte Rundum-sorglos-Paket bieten. Setzen Sie stattdessen Prioritäten, die Ihnen besonders wichtig sind und vermitteln Sie diese auch.

- Bringen Sie Ihrem Partner immer wieder Wertschätzung entgegen für die Eigenschaften, die Sie an ihm lieben und drücken Sie aus, wofür Sie dankbar sind. Sprechen Sie aber auch Themen an, die Sie massiv stören oder ärgern, bevor sich zu viel Frust aufstaut.

- Haben Sie kein schlechtes Gewissen, wenn Sie bestimmte Personen nicht besonders mögen, Sympathie kann man nun einmal nicht erzwingen. Behandeln Sie diese Menschen dennoch freundlich und fair – mehr kann niemand von Ihnen verlangen.

- Umgeben Sie sich mit Menschen, die Ihnen gut tun, denen Sie vertrauen können, die Ihnen Kraft und Freude schenken.

- Manche Menschen provozieren in uns Verhaltensweisen, die uns selbst unsympathisch sind. Besonders wohl fühlen wir uns hingegen mit Partnern, die in uns die besten Seiten zum Vorschein bringen beziehungsweise mit denen wir authentisch, also „ganz wir selbst" sein können. Es ist daher in Paarbeziehungen nicht nur wichtig, dass wir den anderen mögen, sondern auch, dass uns der Partner cin positives Gefühl über uns selbst vermittelt.

Nachgedacht

- Welche Maßstäbe für Partnerschaften und Freundschaften wurden in Ihrem Elternhaus vermittelt? Inwieweit unterscheiden sich Ihre jetzigen Ansichten davon?

- Haben Sie alle Ihre Familienmitglieder gleich gerne?

- Welchen Menschen aus Ihrer näheren Umgebung gehen Sie regelmäßig aus dem Weg? Was stößt Sie an diesen Personen besonders ab?

- Was würde Ihren Zorn mehr erregen: wenn Ihr Partner Ihre gesamten Ersparnisse verspielen würde oder wenn er Ihnen untreu wäre?

- Inwiefern hat sich Ihr Verhalten in Beziehungen im Laufe Ihres Lebens verändert, was haben Sie dazugelernt?

Kindererziehung – konsequent und nervenschonend

„Über einen Graben, den das Kind ohne Gefahr aus eigener Kraft überspringen kann, darf ich es nicht hinüberheben."

Christian Gustav Friedrich Dinter (Pädagoge)

Viele Menschen sind heute sehr verunsichert, wenn es um Kindererziehung geht. Unzählige Eltern und Großeltern schwanken regelmäßig zwischen Laisser-fair-Stil und Strenge. Dabei fühlen sie sich von ihren Mitmenschen kritisch beäugt: Setzen sie einem Kind Grenzen, schimpfen oder strafen es, heißt es schnell „Das arme Kind!". Verhalten sie sich eher antiautoritär und gehen sparsam mit Erziehungsmaßnahmen um, moniert ihre Umwelt „Können die ihrem Kind nicht mal Manieren beibringen?" oder „Die haben noch nicht mal ihre Blagen unter Kontrolle!". Angehörige leiden dann häufig unter dem Eindruck, ganz gleich, wie sie ihre Sprösslinge behandeln, es scheint irgendwie immer falsch zu sein.

Zunächst einmal gelten zwei Grundregeln. Erstens: Außenstehende haben immer leicht reden. Sie kennen nicht die Zusammenhänge und sehen nur einen kleinen Ausschnitt des Gesamtgeschehens. Natürlich darf man als Beobachter eine Meinung haben, sollte sich aber darüber im Klaren sein, dass man die Lage eventuell sehr einseitig beurteilt.

Zweitens: Keiner muss perfekt sein. In der Pädagogik gibt es den schönen, von Donald Winnicott geprägten Begriff der „ausreichend guten Mutter". Besonders wichtig dabei ist, dass das Kind von seinen Bezugspersonen ausreichend emotionale Nähe, Wärme und Fürsorge erhält. Die Einzelheiten jeder Kindheit und jedes Erziehungsprozesses werden selbstverständlich variieren, das ist ein ganz normaler Fakt unserer menschlichen Individualität. Damit soll nicht gesagt werden, dass der restliche Verlauf von Kindheit und Jugend beliebig ist, aber ein Kind wird auch nicht durch jedes unüberlegte Wort oder weniger schöne Ereignis lebenslang geschädigt oder traumatisiert. Natürlich prägen uns die Erfahrungen, die wir im Laufe unseres Lebens und gerade auch in der Kindheit machen. Aber negative Erlebnisse gehören nun einmal ebenso zu unserer Biografie und unserem Lernprozess, wie die positiven. Ein Leben, das nur aus Höhen besteht, gibt es leider nicht, wir müssen genauso lernen, mit den Tiefen zurechtzukommen. Deshalb ist es auch nicht ratsam, jede Anstrengung und Unannehmlichkeit von Kindern fernzuhalten. Fähigkeiten wie Frustrationstoleranz, Ausdauer, soziale Kompetenz, Problemlösefähigkeit oder Belohnungsaufschub sind von außerordentlicher Bedeutung für eine erfolgreiche Lebensbewältigung. Wir sollten Kindern deshalb diese Lektionen nicht vorenthalten und sie auch auf die Widrigkeiten des Lebens vorbereiten. Werden Kinder zu sehr verwöhnt und vor allem Bösen behütet, werden sie später auftretenden Schwierigkeiten hilflos gegenüber stehen. Sie müssen sich dann im höheren Alter erst mühsam die benötigten Fertigkeiten aneignen. Zur Illustration ein Beispiel aus dem Lebensbericht von Irene v. S., geboren 1924 in Niederschlesien:

„Meine Mutter war eine großartige Frau und ein fantastisches Vorbild. Sie scheute keine Arbeit und legte, wenn nötig, überall selbst Hand an. Außerdem war sie eine gute Pädagogin. Obwohl ich die Jüngste und ein Mädchen war, wurde mir nichts geschenkt. Mein Elternhaus war zwar ein liebevolles und harmonisches, zugleich aber auch ein strenges. Wenn mich zum Beispiel meine Brüder, vier und zweieinhalb Jahre älter als ich, drangsalierten, lief ich schutzsuchend zu meiner Mutter. Sie aber wies mir die Tür mit den Worten: „Geh raus und mach das mit deinen Brüdern aus.“

Wenn ich verpimpelt worden wäre, wie man „Verwöhnen“ in Schlesien nannte, hätte ich das alles nicht durchgestanden, was später auf mich zukam. Durch meine Erziehung, in der Gebote und Verbote in einem ausgewogenen Verhältnis standen, war ich auf die Härten des Lebens vorbereitet. Ohne diese Prägung von zu Hause hätte ich sicherlich Schiffbruch erlitten. Deshalb bin ich meiner Mutter heute noch unendlich dankbar für alles, was sie mir an Liebe und Strenge und an Sinn für Humor mitgegeben hat." (28)

Kinder aufzuziehen heißt, sie an ein selbstständiges Leben heranzuführen. Wir wollen ihnen möglichst umfangreiche Kompetenzen vermitteln, damit sie verschiedenste Herausforderungen verantwortungsvoll und souverän meistern können. Es ist daher sinnvoll, Kinder in anfallende Aufgaben rund um Haushalt und Familienleben einzubeziehen: Putzen, Kochen, Tisch decken, Aufräumen, Beaufsichtigung der Geschwister, Gartenarbeiten etc. Kinder sind meist recht wissbegierig und wollen das machen, was sie bei den Eltern sehen und ihnen helfen. Nutzen Sie diesen Eifer, um Ihren Sprösslingen einzelne Tätigkeiten beizubringen. Ich weiß, wie zeitraubend und anstrengend das sein kann und oft ist es einfacher, das Kind zum Spielen zu schicken und die Arbeit schnell allein zu erledigen. Dennoch zahlt es sich auf längere Sicht aus, diese Mühe zu investieren. Denn einerseits lernt Ihr Kind dabei sehr viel und profitiert vom Kontakt zu einer Bezugsperson. Zum anderen kann es einzelne Tätigkeiten schon bald selbstständig erledigen, was dann wiederum eine Erleichterung für Sie bedeutet. Übertragen Sie dem Kind bestimmte – dem Alter und Entwicklungsstand angemessene – Aufgaben, die es regelmäßig in Eigenregie auszuführen hat. Auf diese Weise übt das Kind selbstständiges, verantwortungsvolles Handeln. Gleichzeitig entwickelt es Selbstbewusstsein, fühlt sich wichtig und gebraucht. Es lernt aber auch, dass das Leben nicht nur aus Spiel und Spaß besteht. Kinder langweilen sich ohnehin häufig und vertreiben sich die Zeit mit Computerspielen, Fernsehen und Ähnlichem. Durch das Einbeziehen in Hausarbeiten lernen sie hingegen viel und tun etwas Nützliches.

Apropos Lernen. Früher oder später steht für jedes Kind das Thema Schule sowie die Wahl des passenden Schulzweiges an. Verständlicherweise wollen Eltern das Beste für ihren Sprössling, um ihm durch umfangreiche Kenntnisse und Qualifikationen möglichst breite Lebenschancen zu eröffnen. Allerdings zeigen manche Eltern dabei ein Übermaß an Ehrgeiz, mit dem sie ihren Nachwuchs enorm unter Leistungsdruck setzen.

Wenn Ihr Kind die schulischen Anforderungen nur schwer erfüllen kann oder ungern zur Schule geht, seien Sie nicht übermäßig kritisch und bestehen Sie nicht darauf, dass Ihr Nachwuchs trotz schwacher Noten eine höhere Schule besucht. Die Wahrscheinlichkeit ist nämlich recht groß, dass Ihr Kind dabei eine immer größere Abneigung gegen die Schule entwickelt, bis hin zur Schulangst mit Panik vor jeder Schulstunde oder gar Prüfung. Außerdem kann und muss nicht jeder ein zweiter Einstein sein.

Bei angemessenen Anforderungen in einer passenden Einrichtung hingegen wird Ihr Kind wahrscheinlich eher Freude am Lernen entwickeln und durch bessere Noten Erfolgserlebnisse erzielen. Diese werden den Schüler weiter motivieren, seinen Mut und sein Selbstbewusstsein fördern.

Manche Kinder – gerade Jungen – entwickeln erst im späteren Alter ein Interesse am Unterricht beziehungsweise an bestimmten Fächern, die ihren Neigungen entsprechen. Ein großer Ansporn kann dabei die Wahl eines bestimmten Berufszieles sein. Wird dafür eine höhere schulische Qualifikation benötigt, stehen dem Jugendlichen in der Regel zahlreiche Möglichkeiten offen, diese auch später in recht kurzer Zeit (beispielsweise das Fachabitur in Abendkursen) nachzuholen. Außerdem muss betont werden, dass auch Menschen ohne Abitur oder Realschulabschluss durchaus ein sehr erfolgreiches und zufriedenes Leben führen können.

Weitere Dreh- und Angelpunkte in der Pädagogik sind klare Regeln und Konsequenzen. Vermitteln Sie Kindern von Beginn an sinnvolle, präzise Regeln, die in ihrem Miteinander grundsätzlich gelten (z. B. Verhalten bei Tisch oder in der Öffentlichkeit, Schlafenszeiten, Besucherregelungen) und fordern Sie deren Einhaltung konsequent ein. Lassen Sie sich nicht immer wieder auf Verhandlungen und Diskussionen ein. Sobald der Nachwuchs merkt, dass Sie sich durch Beschweren, Jammern, Weinen oder Schreien am Ende doch noch umstimmen lassen, wird er dieses Mittel immer wieder nutzen, um seinen Willen durchzusetzen – ohne Rücksicht auf Ihre armen Nerven. Belohnen Sie deshalb niemals trotziges Verhalten.

Manche Eltern fragen ihre Kinder nach jeder Anweisung „Ist das okay?". Mit dieser oder ähnlichen Formulierungen geben Sie Ihren Sprösslingen die Macht, zu entscheiden, ob Ihre Erziehungsmethoden und Regeln auch wirklich angemessen sind. Für die Kleinen entsteht außerdem der Eindruck, dass die Eltern selbst unsicher sind und nicht wirklich wissen, was richtig oder falsch ist. Dabei sollten diese ja eigentlich die Leitfiguren sein, die dem Kind Wissen und Richtlinien vermitteln – schließlich haben Sie Ihrem Nachwuchs viele Jahre an Bildung und Lebenserfahrung voraus. Zudem laden die Eltern ihr Kind mit derartigen Fragen regelrecht zum Widerspruch ein. Wenn es schon gefragt wird, warum sollte es dann nicht sein Glück probieren und mehr Vorteile für sich herausschlagen? Wieso sollten die Kleinen sagen, es sei okay, um 19 Uhr ins Bett gehen zu müssen, wenn am Ende vielleicht doch noch ein zusätzliches Stündchen erlaubt wird? Warum sollten sie sich mit zwei Kugeln Eis zufriedengeben, wenn sie mit ein wenig Jammerei drei Kugeln bekommen können? Eltern schaffen mit solchen Fragen selbst den besten Nährboden für ständige Diskussionen und Quengeleien. Am Ende müssen Sie vor Ihrem Kind jede Ihrer Anweisungen rechtfertigen. Formulieren Sie Regeln und Forderungen deshalb klar, deutlich und souverän – idealerweise mit einer kurzen Erläuterung des Grundes.

Beispiel Vater und Sohn in einem Café: *Vater und Sohn stehen gemeinsam in der Warteschlange eines Cafés. Neben der Theke befindet sich ein Kühlwagen mit verschiedenen Limonaden. Der circa vierjährige Junge greift immer wieder nach verschiedenen Getränkeflaschen und sagt, er wolle gerne so eine haben.*

„Ich weiß nicht, ob das heute das Richtige ist.", entgegnet der Vater zögernd. „Es ist sehr kalt draußen. Da wäre ein warmes Getränk besser."

Der Junge kramt weiter in der Box und hält dann eine neue Flasche hoch: „Die da will ich."

„Was hältst du davon, wenn du heute mal einen Kakao trinkst?", fragt der Papa daraufhin.

„Nein, ich will das hier!", entgegnet der Sohn unbeirrt.

Der Vater windet sich und überlegt, dann antwortet er zaghaft: „Also ich würde vorschlagen, dass du etwas Warmes trinkst, weil du eh schon erkältet bist."

„Ich trinke aber das lieber.", besteht der Sohn weiterhin auf Limonade.

„Wie wäre es denn mit einer heißen Milch mit Honig. Die ist doch auch lecker?"

„Bäh, ich mag keine Milch, ich trinke Limonade!", bestimmt der Junge trotzig.

„Na, wenn du unbedingt willst.", gibt der Papa schließlich nach und kauft dem Jungen das kalte Getränk.

Wie viele Eltern hat der Vater nicht gewagt, seinem Sohn klare Regeln und Grenzen aufzuzeigen, sodass sein vierjähriges Kind den Ton angibt. Hätte der Erwachsene von vorn herein klargestellt, dass es aufgrund der niedrigen Temperaturen und der Erkältung des Jungen nur ein warmes Getränk gibt – oder alternativ gar nichts – wäre das Thema sicherlich schnell beendet gewesen. Außerdem hätte der Sohn für die Zukunft die sinnvolle Regel gelernt: Wenn man erkältet ist, trinkt man etwas Warmes.

Kinder sollen sich – aufgrund der Lebenserfahrung und entsprechenden Erziehung durch ihre Eltern – vernünftige Gewohnheiten aneignen. Zudem müssen sie lernen, dass sie im Leben nicht immer gefragt werden und erfüllt bekommen, was ihnen am liebsten ist, sondern dass es oft einfach darum geht, bestimmte Erfordernisse zu erfüllen. Spätestens wenn der Sprössling später eine Arbeitsstelle antritt, werden ihn Vorgesetzte auch nicht immer fragen, ob es okay ist, wenn er heute ein wenig arbeiten muss, oder ob er lieber in den Urlaub fahren würde.

Ähnlich verhält es sich mit der Frage „Was möchtest du denn?" Viele Kinder bekommen diese (zweifellos gut gemeinte) Frage fast permanent von ihren Eltern gestellt. Kindern vermittelt sich dadurch häufig der Eindruck, sie seien das Zentrum des Universums und das Leben wäre tatsächlich ein Wunschkonzert, in dem sie nur mit dem Finger schnippen brauchen und schon werden alle ihre Träume erfüllt. Die Kleinen lernen dabei kaum, ihre eigenen Bedürfnisse auch einmal unterzuordnen, oder Rücksicht auf andere zu nehmen.

Zudem sind gerade jüngere Kinder mit solchen Entscheidungen oft hoffnungslos überfordert. Sie haben einfach weder das nötige Wissen noch die Erfahrung, um eine verantwortungsvolle Wahl zu treffen. So kann man gerade in Supermärkten immer wieder beobachten, wie Eltern oder Großeltern mit Kindern vor riesigen Regalen mit Süßigkeiten stehen und ihre Schützlinge fragen: „Was möchtest du denn?" Die Kinder sind von der Masse des Angebotes verständlicherweise völlig erschlagen und wissen nicht, wofür sie sich entscheiden sollen. So schwanken sie von einem Artikel zum nächsten: „Das da! Ach nein, lieber das! Oder doch lieber das blaue! Nein, das da unten …" Dieses Spiel geht meist so lange, bis die Erwachsenen völlig entnervt schimpfen, das Kind solle sich doch endlich für eine Sache entscheiden. Oft folgen lange Diskussionen, was nun im Korb bleiben darf und was wieder zurückgelegt wird.

Das Problem daran ist, dass der Nachwuchs so gut wie keine Vorerfahrungen mit den Produkten hat und es ihm deshalb auch sehr schwerfällt, eine Wahl zu treffen. Ein Kleinkind weiß nicht, welches Produkt wie schmeckt, welches gesund oder ungesund ist, welches zu hart oder zu teuer ist. Es benötigt deshalb die Anleitung durch Erwachsene. Es ist also oft durchaus sinnvoll, sich die Frage „Was möchtest du denn?" zu sparen und dem Kind stattdessen etwas Angemessenes zu geben, und zu schauen, wie es ihm schmeckt. Beim nächsten Mal kann man dann gegebenenfalls etwas anderes ausprobieren. Auf diese Weise lernen die Kleinen nach und nach verschiedene Dinge kennen und die Sache läuft für alle Beteiligten stressfreier ab.

Außerdem, werden die Kleinen – wenn sie schon dauernd gefragt werden – natürlich auch dazu eingeladen, aus dem Vollen zu schöpfen und ihre tatsächlichen Wünsche zu äußern, ganz gleich wie überzogen und unrealistisch diese sein mögen. Man kann ihnen also im Grunde nicht verdenken, dass sie ihre Chancen nutzen und die Sterne vom Himmel fordern. Wenn uns jemand nach unseren Herzenswünschen fragen würde, kämen wir wahrscheinlich auch ordentlich ins träumen: einige Millionen auf dem Konto, nie mehr arbeiten müssen, ein schönes Haus am Meer mit Garten, eine Haushälterin, einen Gärtner, einen Porsche mit Chauffeur, eine Weltreise und, und, und. Aber in der Regel werden wir gar nicht mehr gefragt und falls doch, haben wir mittlerweile gelernt, vernünftige Antworten zu geben.

Achten Sie in der Kindererziehung immer auch auf Ihr eigenes Wohl. Nicht nur das Glück Ihres Nachwuchses ist wichtig, sondern ebenso Ihr eigenes.

Kinder sollten frühzeitig lernen, dass nicht permanent nur ihr eigenes Befinden im Mittelpunkt steht, sondern dass die Bedürfnisse anderer genauso von Bedeutung sind. Machen Sie als Eltern oder Großeltern also durchaus auch Ihre eigenen Wünsche geltend und erwarten Sie entsprechende Rücksicht von Ihren Sprösslingen. Erklären Sie dem Kind beispielsweise, dass es Ihnen auf einem großen Spielplatz zu laut ist, Sie nach einem langen Arbeitstag ausruhen müssen oder dass für ein neues Fahrrad erst gespart werden muss. Die Kinder lernen dadurch die verschiedenen Seiten und Notwendigkeiten des Lebens kennen und verstehen.

Ein weiteres Thema, das Eltern oft in tiefe Gewissenskonflikte stürzt, ist die Trennung bzw. Scheidung von Mutter und Vater. So erstrebenswert sicherlich ein intaktes Familienleben ist, kann es eben doch nicht erzwungen werden. Auf längere Sicht ist gewiss keinem geholfen, wenn Eltern nur zum Wohle der Kinder zusammen bleiben, dabei aber selbst unglücklich sind. Der Nachwuchs leidet dann häufig mehr unter der Disharmonie im Elternhaus, als wenn sich Mutter und Vater ehrlicherweise trennen. Außerdem haben auch Mütter und Väter ein Recht auf Glück und Zufriedenheit.

Jede Zeit hat ihre Vorzüge und Nachteile, ein Leben ohne saure Äpfel gibt es leider nicht. Im letzten Jahrhundert mussten Kinder vielfach den frühen Tod ihrer Eltern oder Geschwistern verkraften, sie selbst wurden nicht selten in Pflegefamilien untergebracht. Heute stellt die Trennung der Eltern viele Familien vor Probleme, die allerdings durch Unterhaltsregelungen und staatliche Unterstützung in der Regel recht gut aufgefangen werden können.

Tipps für jeden Tag

- Erziehen Sie Kinder zur Selbstständigkeit und beziehen Sie Ihren Nachwuchs altersentsprechend in Haushaltstätigkeiten, Erledigungen etc. ein.

- Vermitteln Sie Ihren Sprösslingen, dass nicht immer nur deren Wünsche im Vordergrund stehen und erfüllt werden können. Erziehen Sie Kinder auch zur Rücksichtnahme auf andere sowie auf diverse Erfordernisse und Notwendigkeiten.

- Versuchen Sie nicht, Kinder vor allen Schwierigkeiten zu bewahren. Um im Leben bestehen zu können, müssen sie auch lernen, mit den weniger angenehmen Seiten umzugehen. Sie werden es Ihnen später danken.

- Setzen Sie sich und Ihre Kinder nicht durch überzogenen schulischen oder die Freizeit betreffenden Ehrgeiz unter Druck. Berücksichtigen Sie stattdessen die jeweiligen Anlagen und Neigungen Ihres Sprösslings.

- Zeigen Sie in der Erziehung Konsequenz und klare Regeln. Belohnen Sie niemals trotziges oder unangemessenes Verhalten.

- Achten Sie immer auch auf Ihre eigenes Wohl und Ihre persönlichen Bedürfnisse. Erwarten Sie von Ihren Kindern Rücksicht auf Ihr Befinden.

Nachgedacht

- Kinder zwingen uns zu überlegtem, verantwortungsvollem Handeln. Müssen Sie sich für Ihre Kinder auch oft erwachsener und vorbildlicher zeigen, als Sie es eigentlich gerne wären?

- Welche Erziehungsgrundsätze wurden Ihnen in Ihrem Elternhaus vermittelt? Wie wirkten sich diese auf Ihr späteres Leben aus?

- Welche Gründe lassen Sie in der Erziehung manchmal zu nachsichtig sein?

- Warum fühlen sich viele Eltern heute so schnell in ihrer Eitelkeit gekränkt, wenn ihre Kinder kritisiert werden?

- Welche Ihrer Bedürfnisse kommen seit der Familiengründung chronisch zu kurz? Wer oder was kann Ihnen helfen, wieder mehr persönliche Zeit und Lebensqualität zu erlangen? Organisieren Sie sich, falls möglich, regelmäßige Auszeiten, in denen Sie sich ganz auf sich konzentrieren und regenerieren können.

- Welche Situationen des Familienlebens rauben Ihnen besonders viel Energie? Wie könnten diese in Zukunft vermieden werden? Suchen Sie eventuell gemeinsam mit Ihrer Familie nach Lösungen.

Druck im Seniorenalter

Immer wieder hört man von hochbetagten Menschen die Warnung an jüngere: „Aufs alt werden brauchst du dich nicht zu freuen!" Schließlich wissen sie, wovon sie sprechen: Fast täglich plagt sie ein anderes Leiden, Augen und Gehör lassen nach, das Gehen fällt schwerer, unter Umständen schmerzt jede Bewegung. Dennoch trösten sich viele tapfer mit der Feststellung: „Hauptsache der Kopf ist noch gut!" Aber auch der lässt bei den meisten früher oder später nach. Das Denken fällt zunehmend schwerer, man wird vergesslich, der Kopf fühlt sich benommen, schwindelig oder nebelig an. Nicht wenige trifft die gefürchtete Demenz.

Zu alledem gesellen sich bei vielen Senioren finanzielle Sorgen, aufgrund einer schmalen Rente oder weil die benötigten Pflege- und Betreuungsleistungen alles verschlingen. Sie sind zunehmend auf die Unterstützung anderer angewiesen und müssen unter Umständen selbst für einfachste Handgriffe um Hilfe bitten. Gerade für Personen, die immer sehr eigenständig und selbstbestimmt gelebt haben, ist dies meist sehr schwer zu ertragen. Die Befürchtung, für seine Mitmenschen nur noch eine Last zu sein, lässt Selbstwertgefühl und Lebensfreude unter Umständen deutlich schrumpfen.

Man braucht also nichts schön zu reden, das Altern ist in aller Regel mit massiven Einbußen an Lebensqualität verbunden, auf die sich tatsächlich keiner zu freuen braucht. Und so dankbar wir für die Fortschritte in Medizin und Pflege auch sein können, muss man doch ehrlich sagen, dass sie in vielen Fällen das Leiden unnötig verlängern. Befragt man Bewohner von Pflegeheimen, wird man immer wieder den Wunsch hören: „Wenn ich doch endlich sterben könnte!"

Aber auch hier möchte ich zum Vergleich einen Blick zurückwerfen auf die Lebensumstände betagter Menschen vor circa 100 bis 150 Jahren. Wie wir bereits in den vorangegangenen Kapiteln gesehen haben, wurde eine Renten- und Invaliditätsversicherung für Arbeiter hierzulande im Jahre 1889 eingeführt – im Zuge der Sozialversicherungsgesetze Otto von Bismarcks. Diese sah eine Altersrente ab dem 70. Lebensjahr nach mindestens 30 Beitragsjahren vor, bei üblichen 60 Arbeitsstunden pro Woche. Da die durchschnittliche Lebenserwartung damals wesentlich niedriger lag, als heute, erlebten lediglich ca. 5 Prozent der Bevölkerung das Renteneintrittsalter. 1916 wurde diese Altersgrenze von 70 auf 65 Jahre herabgesetzt. Außerdem gab es eine Invalidenrente bei Erwerbsunfähigkeit, die bereits nach fünf Beitragsjahren in Anspruch genommen werden konnte. Im Jahre 1911 wurde eine eigenständige Rentenversicherung für Angestellte eingerichtet.

Bei der Einführung von Sozialversicherungen kam Deutschland im internationalen Vergleich eine Vorreiterrolle zu, dessen Beispiel andere Länder nach und nach folgten. So wurde in Österreich im Jahre 1907 ein Rentensystem eingeführt, in Großbritannien 1908, in den Niederlanden und Italien 1919, in den USA 1935 und in der Schweiz 1946.

Obwohl Bismarcks Versicherungsgesetze eine neue Ära in der sozialen Absicherung der Bevölkerung einläuteten, waren die tatsächlich geleisteten Zahlungen – gerade in den Kriegs- und Inflationsjahren – sehr gering und meist kaum mehr als ein schmales Zubrot. Selbstständige (Landwirte, Handwerker, Künstler, etc.) waren nicht in die Pflichtversicherung eingeschlossen und hätten sich freiwillig versichern müssen, was aus Kostengründen meist unterblieb.

In den folgenden Jahrzehnten wurden die Rentenregelungen immer wieder aktualisiert, so führte man beispielsweise 1938 mit dem

„Handwerker-Versorgungs-Gesetz" die Versicherungspflicht für selbstständige Handwerker ein und erst 1957 die Alterssicherung für Landwirte.

Im Zuge der Rentenreform baute man die Altersrente in der BRD ab 1957 zu einem komplexen lohn- und beitragsbezogenen System aus. Die Pensionszahlungen wurden deutlich angehoben und sollten nunmehr als ausreichende Lebensgrundlage im Alter dienen, nicht mehr nur als Zuschuss.

Insgesamt kann man sagen, dass hierzulande erst seit circa Mitte des 20. Jahrhunderts ein umfassendes und weitestgehend zuverlässiges Renten- und Sozialsicherungssystem besteht. Vorher war die Bevölkerung in Notfällen (Krankheit, Arbeitslosigkeit, Obdachlosigkeit, Tod eines oder beider Elternteile, Unfällen, usw.) in der Regel auf die Unterstützung durch Familienmitglieder, Verwandte oder Bekannte angewiesen. Auch die Fürsorge und Pflege betagter Menschen betrachtete man in erster Linie als Aufgabe von Angehörigen.

Die meisten Menschen arbeiteten auch im höheren Alter weiter, bis die Arbeitskraft komplett erschöpft war. Die Notwendigkeiten des täglichen Lebens wurden, falls irgend möglich in Eigenleistung hergestellt beziehungsweise repariert: Lebensmittel (Gemüsegarten, Tierhaltung, Milchverarbeitung, Vorratshaltung …), Kleider, Bauarbeiten, Möbel, Haushaltsgeräte – und das idealerweise bis zum Lebensende. Bargeld spielte oft nur eine untergeordnete Rolle. Wenn aus Krankheits- oder Altersgründen die Kräfte schwanden, wurden die entsprechenden Arbeiten rund um die Eigenversorgung nach Möglichkeit von Kindern oder Verwandten übernommen, die im gleichen Haus oder in unmittelbarer Nähe wohnten.

Mittellose Senioren, die sich nicht mehr selbst versorgen beziehungsweise von Angehörigen unterstützt oder aufgenommen werden konnten, fielen in den Zuständigkeitsbereich der gemeindlichen

Armenfürsorge. Da die Gemeinden die Versorgungskosten für derartige Fälle möglichst niedrig halten wollten, wurden die Betroffenen häufig unter einfachsten Bedingungen in Armenhäusern, Spitälern oder kirchlichen Einrichtungen untergebracht oder mit Lebensmitteln und Brennmaterial versorgt. Die Inanspruchnahme der Armenhilfe galt für die meisten als letzter Ausweg, als Schande.

Allerdings erreichten bis zum Beginn des 20. Jahrhunderts aufgrund der geringen Lebenserwartung nur wenige Menschen ein höheres Alter. Ungesunde hygienische Bedingungen, mangelhafte Ernährung, unzureichende medizinische Versorgung sowie harte, gefährliche Lebens- und Arbeitsbedingungen sorgten meist für ein frühzeitiges Lebensende. Schwere Erkrankungen führten in der Mehrzahl der Fälle recht schnell zum Tod, sodass eine langjährige Pflegebedürftigkeit eher selten vorkam.

In Österreich war es bis ca. 1940 in vielen Gemeinden Brauch, alte oder kranke Gemeindemitglieder ohne Bleibe und nennenswertes Eigentum (beispielsweise ehemalige Mägde und Knechte) als „Einleger" verschiedenen wohlhabenderen Einwohnern (Bauern, Handwerker, Kaufleute, Wirte etc.) zuzuteilen. Diese waren verpflichtet, entsprechend ihrer Steuerquote, für eine bestimmte Anzahl von Tagen im Jahr Bedürftige bei sich aufzunehmen. Auf diese Weise mussten die meist gebrechlichen oder kranken Einleger von einem Quartier zum nächsten wechseln, wo sie widerwillig geduldet und nicht selten beschimpft oder misshandelt wurden. Da man die Bedürftigen in der Regel lediglich mit einem einfachen Schlafplatz (oft in einer Scheune, im Stall oder Keller) und dem Nötigsten an Nahrung versorgte, waren die meisten von ihnen bald gänzlich verwahrlost und von Ungeziefer befallen.

In den Jahrzehnten nach dem 2. Weltkrieg wurde in Deutschland der Bedarf an Heim- und Pflegeplätzen für ältere, kranke oder behinderte Menschen immer größer. Zum einen gab es zahlreiche Kriegsversehrte, andererseits stieg die durchschnittliche Lebenserwartung aufgrund gesünderer Lebensbedingungen und einer besseren medizinischen Versorgung stetig an. Außerdem hatten die Kriegsjahre viele Familienbande zerrüttet oder ausgelöscht, sodass eine beträchtliche Zahl an Senioren nun nicht mehr auf die Unterstützung durch Angehörige zurückgreifen konnte. Der Bedarf an speziellen Wohn- und Pflegeheimen stieg. Wurde die Versorgung anfangs noch von ungelernten Kräften oder Krankenpflegern übernommen, sah man immer mehr die Notwendigkeit, die Betreuung und Pflege von Senioren als speziellen Berufszweig zu etablieren. Ab 1969 gab es regional verschiedene Ausbildungen zum Altenpfleger und Altenpflegehelfer. Doch erst seit Ende der 1990er Jahre werden Altenpfleger bundesweit in einer dreijährigen Ausbildung auf ihren Beruf vorbereitet. Mit Studiengängen wie Pflegewissenschaften, Pflegemanagement oder Gerontologie werden seit einigen Jahren zunehmend auch akademische Ausbildungswege in diesem Bereich angeboten.

Heute können Betroffene und Angehörige in der Regel aus einem breiten Angebot an Betreuungs- und Pflegeangeboten das für sie passende Modell auswählen: betreutes Wohnen, Wohn- oder Pflegeheim, mobile Pflege, im eigenen Haus lebende Pflegekräfte oder der Besuch einer Tagespflegeeinrichtung. Reichen die eigenen finanziellen Mittel nicht aus, um die benötigten Leistungen abzudecken, kann staatliche Unterstützung beantragt werden.

Sie haben es sich verdient

„Das Alter hat zwei große Vorteile: Die Zähne tun nicht mehr weh und man hört nicht mehr all das dumme Zeug, das ringsum gesagt wird."

George Bernard Shaw

Auch wenn wir im vorangegangenen Kapitel festgestellt haben, dass das Alter generell nichts ist, worauf man sich zu freuen braucht, wird die einzige Alternative – nämlich ein frühzeitiger Tod – von den wenigsten bevorzugt. Also, packen wir es an und machen das Beste daraus.

Wie das für jeden Lebensabschnitt zutrifft, wird auch das höhere Alter von jedem Menschen unterschiedlich erlebt. Manche fühlen sich mit über neunzig Lebensjahren noch weitgehend vital und voller Lebensfreude, andere spüren hingegen schon mit 60 oder 70 erhebliche Einschränkungen in Wohlbefinden und Lebensqualität. Sie leiden vielleicht unter einer chronischen Erkrankung (Diabetes, Arthritis, Multiple Sklerose, Demenz, Arthrose, Depression etc.) oder unter den Folgen eines Schlaganfalls beziehungsweise eines Herzinfarktes. Vielleicht klagen sie auch über Einsamkeit und sind mit ihren Lebensumständen unzufrieden, während andere Altersgenossen stabile, erfüllende soziale Beziehungen genießen und sich in ihrem Umfeld wohl und geborgen fühlen.

Natürlich hängt die Beurteilung der jeweiligen Lebenssituation immer auch maßgeblich von den eigenen Einstellungen, Ansprüchen und Erwartungen ab, ebenso von den persönlichen Gewohnheiten, der Lebensgeschichte oder dem Vergleich mit anderen. So äußern Bewohner von Pflegeheimen beispielsweise immer wieder, sie seien noch nie zuvor in ihrem Leben so verwöhnt worden. Es sei im Haus immer kuschelig warm, das Essen sei gut und sie werden von netten jungen Pflegern rund um die Uhr bedient und umsorgt.

Andere Bewohner hingegen, die sich in exakt der gleichen Situation befinden, beschweren sich regelmäßig über das „ungenießbare" Essen (sie selbst hätten zu Hause viel besser gekocht), die zu kleinen Zimmer und darüber, dass das Personal viel zu wenig Zeit für sie habe. Wie so oft im Leben, werden ein und dieselben Umstände von verschiedenen Personen zum Teil vollkommen gegenteilig beurteilt. Und nicht zuletzt gilt natürlich auch hier der Grundsatz „Wie man in den Wald hineinruft, so hallt es auch zurück."

Beim Thema Zufriedenheit im Alter – gerade auch wenn Betroffene auf die Hilfe und Unterstützung anderer angewiesen sind – spielen persönliche Lebenseinstellungen und soziale Fähigkeiten eine entscheidende Rolle. Im Vorteil sind zweifellos diejenigen Senioren, die bereit sind, die Hochs und Tiefs des Lebens anzunehmen und das Beste daraus zu machen, ohne sich lange mit Klagen oder Zorn darüber aufzuhalten, welch mühsames und ungerechtes Schicksal ihnen vermeintlich zugemutet wird.

Auch die Fähigkeit, sich jeden Tag an kleinen Dingen und Begebenheiten freuen zu können, macht das Leben für viele Menschen bis ins hohe Alter lebenswert. Als ebenso hilfreich erweist es sich immer wieder, den eigenen Lebensweg und seine Mitmenschen mit Wohlwollen, Dankbarkeit und Wertschätzung zu betrachten.

Keinesfalls vergessen darf man an dieser Stelle natürlich das absolute Wundermittel im Umgang mit den Widrigkeiten des Alltags: den Humor. Ein schönes Beispiel dafür ist die Antwort, die ich einmal von der hochbetagten Bewohnerin eines Pflegeheimes erhalten habe, auf die Frage hin, ob sie heute wieder so arge Schmerzen im Knie habe: „Ach weißt Du, ab einem gewissen Alter zwickt es jeden Tag an einer anderen Stelle. Aber, im Grunde müssen wir froh sein, wenn es noch zwickt, denn dann leben wir noch. Richtig kritisch wird es erst, wenn es nirgends mehr zwickt …"

Besonders wichtig für das Empfinden von Zufriedenheit und Dankbarkeit im Alter ist es auch, auf ein erfülltes Leben zurückblicken zu können. Vielleicht kennen Sie das Zitat von der österreichischen Schriftstellerin Erna Behrens-Giegl: „Im Alter haben Erinnerungen den gleichen Stellenwert wie in der Jugend die Träume." Da hochbetagten Menschen aufgrund verschiedenster körperlicher Einschränkungen meist viele reale Erlebniswelten (Reisen, Wandern, Schwimmen, Fahrrad oder Auto fahren …) verschlossen bleiben und Zukunftspläne nur noch eine geringe Rolle spielen, nehmen Erinnerungen einen umso größeren Stellenwert ein.

Sorgen Sie deshalb schon frühzeitig dafür, dass Sie im Alter auf eine erlebnisreiche, erfüllte Biografie zurückblicken können. Der Reichtum an Erinnerungen und das gute Gefühl, Ihr Leben nach Ihren Vorstellungen gelebt zu haben, wird Sie mit Frieden und Freude erfüllen, auch wenn Körper und Geist nachlassen. Befolgen Sie deshalb den Rat, den ich selbst oft von älteren Menschen bekomme: „Verschieben Sie die Verwirklichung Ihrer Pläne und Träume nicht immer auf später oder gar auf die Pensionszeit. Dann kann es nämlich zu spät dafür sein, weil Sie oder Ihr Partner zu krank oder gebrechlich sind." Außerdem wird man mit steigendem Alter in der Regel zunehmend bequemer, ängstlicher und unflexibler. Wer mit 65 oder 70 noch nicht gelebt hat, wird nur in den seltensten Fällen dann damit anfangen.

Trotz allem sei an dieser Stelle ganz deutlich gesagt: Das Alter bringt längst nicht nur Nachteile mit sich. Denn, während die körperliche Fitness und Freiheit vielleicht nach und nach Einschränkungen erfährt, gewinnt man durchaus Freiheiten anderer Art hinzu. So entfallen beispielsweise große Pflicht- und Verantwortungsbereiche wie die Erwerbstätigkeit und Kindererziehung. Dadurch entsteht entsprechend viel freie Zeit, die genutzt werden kann, um genüsslich auszuschlafen, mit dem Hund spazieren zu gehen, in der Sonne zu sitzen, Mittagsschlaf zu halten, zu lesen, Golf zu spielen, Kreuzworträtsel zu lösen, Wandern oder Angeln zu gehen, im Garten zu werkeln, Reisen zu unternehmen, oder, oder. Zudem man darf ausruhen, so lange man will – schließlich gehört man nicht mehr zu den Jüngsten. Und ist man einmal krank, braucht man wenigstens kein schlechtes Gewissen zu haben, dass man in der Arbeit ausfällt.

Weitere große Vorteile des Alters sind: man muss niemanden mehr beeindrucken, nicht mehr jedermanns Liebling sein oder sich mit unangenehmen Vorgesetzten und Kollegen herumärgern. Man darf offen und ehrlich seine Meinung sagen und sich sogar regelrecht exzentrisch aufführen, ohne nennenswerte Konsequenzen befürchten zu müssen.

Vielleicht haben Sie sich schon immer eine Haushälterin gewünscht? Dann habe ich gute Nachrichten für Sie. Falls Sie einmal in einem Senioren- oder Pflegeheim untergebracht sein sollten, haben Sie quasi einen ganzen Stab an Bediensteten: unter anderem Pflegepersonal, Köche, Hausmeister sowie Hauswirtschafts- und Wäschereimitarbeiter. Und ganz gleich, wie Sie sich benehmen, alle müssen Sie jederzeit freundlich und respektvoll behandeln. Das sind doch gar keine so schlechten Aussichten, oder?

Genießen Sie also die Vorzüge des Alters, Sie haben es sich nach all den Jahren voller Plackerei und Pflichterfüllung redlich verdient!

Einige Sätze noch zum gefürchteten Thema Demenz. Viele Menschen scheinen sich kaum etwas Schlimmeres vorstellen zu können, als im Alter an Demenz zu erkranken. Die Wahrscheinlichkeit einer Erkrankung ist im Seniorenalter zugegebenermaßen tatsächlich hoch: Während gerade einmal 2 % der Patienten unter 65 Jahre alt sind, steigt das Erkrankungsrisiko im höheren Alter beträchtlich an.

In der Altersgruppe der über 90jährigen leiden rund 40 % an einer Form der Demenz.

Ohne an dieser Stelle zu sehr ins Detail gehen zu wollen, sei doch erwähnt, dass es neben der bekannten Alzheimerkrankheit, die für ca. 60 % aller weltweit verzeichneten Demenz-Fälle verantwortlich ist, noch weitere Formen von Demenz gibt.

Typisch für die Alzheimer-Demenz ist die Bildung seniler Plaques (Eiweißablagerungen) im Gehirn. Durch das Absterben von Neuronen nimmt die Hirnmasse im Krankheitsverlauf immer weiter ab, zudem ist die Leistungsfähigkeit der verbleibenden Nervenzellen und deren Verbindung untereinander beeinträchtigt.

Andere Demenzformen werden beispielsweise durch giftige Stoffe (Alkohol, Schwermetalle, Medikamente etc.) ausgelöst, durch Gefäßschäden, Durchblutungsstörungen oder Verletzungen des Gehirns, durch Tumore, Entzündungen oder Stoffwechselstörungen.

Obwohl Krankheitsverlauf und Symptome individuell und je nach Demenzart variieren, gibt es doch einige typische Merkmale. Zu Beginn einer Erkrankung zeigen sich häufig Gedächtnislücken (vor allem das Kurzzeitgedächtnis betreffend), Probleme mit der örtlichen und zeitlichen Orientierung, eventuell Ängste, Depressionen oder Teilnahmslosigkeit.

Mit Fortschreiten der Krankheit stellen Betroffene oft immer wieder die gleiche Frage oder erzählen die gleiche Begebenheit. Die Rechen- und Problemlösefähigkeit ist beeinträchtigt, komplexere Handlungen (z. B. Essen kochen, Auto fahren, Handhabung der TV-Fernbedienung) können nicht mehr sicher ausgeführt werden. Häufig legen Demenzpatienten Gegenstände an ungewöhnlichen Orten ab und haben Schwierigkeiten diese wiederzufinden. Manche Betroffene wirken unruhig oder gereizt, unter Umständen entwickeln sie Wahnvorstellungen und befürchten, von anderen bestohlen oder vergiftet zu werden. Auch zeigen sich in der Regel zunehmend Sprachstörungen (Wortfindungsstörungen, verdrehter Satzbau, Störung des Sprachverständnisses, …). Nun lässt nicht nur das Kurzzeitgedächtnis immer mehr nach, auch das Langzeitgedächtnis ist zunehmend im Abbau begriffen. Dies geschieht meist in umgekehrt chronologischer Reihenfolge, das heißt, biografische Daten und Erinnerungen, die am weitesten zurückliegen (Jugend, Kindheit) bleiben am längsten im Gedächtnis.

Im weiteren Verlauf der Erkrankung leiden Demenzpatienten meist zusätzlich unter Bewegungsstörungen, Erkennungsstörungen (auch Angehörige werden zum Teil nicht mehr erkannt), Inkontinenz sowie Kau- und Schluckstörungen.

Trotz dieser breiten Symptompalette bleibt das Gefühlsempfinden aber unverändert erhalten. Das heißt, Betroffene können nach wie vor nicht nur Wut oder Traurigkeit empfinden, sondern ebenso Freude, Zufriedenheit und Glück. Fühlen sie sich in ihrer Umgebung wohl, sicher und geborgen, können Betroffene durchaus den Alltag genießen und sich über vieles freuen. Kurioserweise zeigen sie häufig auch im fortgeschrittenen Stadium der Demenz noch einen erstaunlichen Sinn für Humor, wobei oft sogar Ironie und hintergründige Sprüche verstanden und auch selbst geäußert werden.

Unterschätzen Sie Demenzkranke nicht. Sie können Ihnen vielleicht nicht sagen, wie alt sie sind und welcher Wochentag heute ist, aber sie können Ihnen unter Umständen kleinste Details von ihrer Reise nach Kanada und Grönland im Jahre 1986 berichten oder Ihnen lateinische und griechische Vokabeln nennen. Auch, wenn sich Betroffene nicht mehr äußern können, nehmen sie in der Regel viele Dinge um sich herum noch genau wahr. Ebenso bezieht sich ihre Vergesslichkeit häufig nur auf bestimmte Bereiche (z. B. räumliche oder zeitliche Orientierung), auf anderen Gebieten kann das Gedächtnis durchaus noch weitgehend intakt sein. Außerdem variiert der Umfang ihrer Erinnerungslücken häufig von Tag zu Tag gravierend.

Während meiner langjährigen Berufstätigkeit in einem Pflegeheim habe ich immer wieder den Eindruck gewonnen, dass es für Angehörige häufig viel schwerer ist, mit der Demenzerkrankung eines Familienmitgliedes umzugehen, als für den Betroffenen selbst. Da Angehörige und Freunde den Demenzpatienten als gesunden Menschen gekannt haben, nehmen sie in erster Linie die Veränderungen wahr und es fällt ihnen schwer, damit umzugehen. Dass sich die Person verändert hat, heißt aber nicht notwendigerweise, dass es ihr schlecht geht und sie keine Lebensqualität mehr hat. Ich selbst wundere mich immer wieder, wie viel auf Stationen mit hauptsächlich demenzkranken Bewohnern gelacht, gesungen und getanzt wird. Infolge der Krankheit zeigen sich viele Senioren entspannter, unbeschwerter und weniger gehemmt – sie sagen und tun einfach das, wonach ihnen gerade ist. Sie können Nähe und Zärtlichkeiten genießen, über Scherze lachen, sich über gutes Essen, schöne Musik, sonniges Wetter und blühende Landschaften freuen. Sorgen, Probleme und das Bewusstsein für ihre Krankheit gehen häufig Dank Gedächtnisschwäche unter.

Mir geht es sicherlich nicht darum, die Demenz hier als wunderbaren, erstrebenswerten Zustand anzupreisen. Allerdings möchte ich tatsächlich ein Gegengewicht setzen, zu dem einseitigen Horrorbild, das von dieser Krankheit und ihren Folgen meist gezeichnet wird. Jeder, der sich regelmäßig und intensiv mit demenzkranken Menschen beschäftigt, weiß, dass dies längst nicht die ganze Wahrheit ist. Viele Betroffene verbringen nach der Diagnose „Demenz" noch zahlreiche zufriedene und lebenswerte Jahre.

Tipps für jeden Tag

- Die meisten Menschen sterben nicht an Altersschwäche, sondern an Krankheiten wie Diabetes, Schlaganfall, Herzinfarkt und Krebs. Versuchen Sie deshalb, durch eine gesunde Lebensweise, schweren Erkrankungen so weit wie möglich vorzubeugen. Rauchen gilt als ein Hauptrisikofaktor für Herz-Kreislauf-Erkrankungen und verschiedenen Krebsarten. Nutzen Sie ärztliche Vorsorgeuntersuchungen. Eine ausgewogene Ernährung mit reichlich Obst, Gemüse sowie wichtigen Vitaminen und Mineralstoffen ist hierbei immer wieder ausschlaggebend. Aber auch geeignete pflanzliche Präparate oder Nahrungsergänzungsmittel können einen wirksamen Schutz vor Erkrankungen oder verminderter Lebensqualität bieten. So haben in wissenschaftlichen Studien beispielsweise die Vitamine B6, B12 und Folsäure sowie ein Antioxidans des grünen Tees eine vorbeugende Wirkung gegen Alzheimer-Demenz gezeigt. Bitte lassen Sie sich von entsprechenden Fachpersonen beraten.

- Sowohl Rauchen als auch stärkeres Übergewicht fördern ständig schwelende, kleine Entzündungen im Körper, die wiederum die Sterberate unserer Nervenzellen und somit auch das Demenzrisiko erhöhen.

- Forscher sind sich schon lange sicher, dass eine Reduzierung der Kalorienzufuhr – auf gut deutsch: weniger Essen – den Alterungsprozess unseres Körpers verzögert. Denn durch eine gebremste Kalorienzufuhr verlangsamt sich der Stoffwechsel – je weniger Nahrung aufgenommen wird, desto weniger muss vom Körper auch verdaut und verarbeitet werden. Entsprechend geringer ist auch der körperliche Verschleiß und vor allem entste-

hen weniger freie Radikale, die wiederum chronische Erkrankungen und Krebs begünstigen.

- Verschieben Sie die Verwirklichung Ihrer Träume und Pläne
nicht immer auf später bzw. auf den Ruhestand. Versuchen Sie,
sich in jüngeren Jahren nach und nach einzelne Wünsche zu erfüllen – zumindest kleine Varianten davon.

- Überlegen und planen Sie frühzeitig, wie Sie im Alter am liebsten leben möchten. Infomieren Sie sich über verschiedene
Wohn- und Betreuungsangebote, Finanzierungsmöglichkeiten,
eventuell eine private Pflegeversicherung, etc. Besprechen Sie
Ihre Wünsche ausführlich mit Angehörigen beziehungsweise
halten Sie diese schriftlich fest. Nur so können Sie sicherstellen,
dass Ihre Vorstellungen berücksichtigt werden – auch im Falle
einer plötzlich eintretenden Pflegebedürftigkeit, bei der Sie sich
vielleicht nicht mehr ausreichend äußern können.

- Setzen Sie sich nicht mit dem Anspruch unter Druck, bis zum
letzten Tag fit und leistungsfähig sein zu müssen. Es ist völlig
normal und in Ordnung, dass ein Mensch im Alter körperlich
und geistig abbaut. Das ist in aller Regel Teil unseres Lebens-
weges und Sie dürfen in dieser Situation entsprechende Hilfen
ohne schlechtes Gewissen annehmen. Sie haben in Ihrem Leben
viel geleistet und sich um andere gekümmert, es ist Ihr gutes
Recht, nun selbst Unterstützung zu erhalten. Auch professionelle
Helfer wie beispielsweise Pflegekräfte stehen Ihnen in aller Regel sehr gerne zur Seite und haben ihren Beruf aus Interesse und
Neigung selbst gewählt.

Nachgedacht

- Stellen Sie sich vor, Sie seien 90 Jahre alt. Was möchten Sie im Rückblick über Ihren Lebensweg sagen können?

- Welche Freiheiten möchten Sie im Alter genießen? Worauf freuen Sie sich heute schon? Können Sie jetzt bereits manche dieser Freiheiten mehr in in Ihren Alltag einbauen?

- Kennen Sie ältere Menschen, die Sie für deren Lebenseinstellung bewundern? Welche Eigenschaften gefallen Ihnen an diesen Personen besonders?

- Wie möchten Sie – aus heutiger Sicht – Ihre letzte Lebensphase am liebsten verbringen: an welchem Ort, unter welchen Umständen, mit welchen Personen?

- Welche konkreten Ängste verbinden Sie mit dem Älterwerden?

- Welche Lebensweisheiten, Dinge, Rituale, Tiere oder Menschen haben Ihnen in der Vergangenheit durch schwere Zeiten geholfen? Was könnte Ihnen auch im Alter Trost spenden?

Quellenverzeichnis

1) **Inge Friedl:** "Familienleben in alter Zeit", Weltbild Verlag, Salzburg, 2007, S. 112

2) **Werner Sombart:** „Das Proletariat" in „Die Gesellschaft" herausgegeben von Martin Buber, Literarische Anstalt Hütten und Loenig, Frankfurt am Main, 1906, S. 23-24

3) **Rosemarie Beier:** „Leben in der Mietskaserne, Zum Alltag Berliner Unterschichtsfamilien in den Jahren 1900 bis 1920" in „Hinterhof, Keller und Mansarde, Einblicke in das Berliner Wohnungselend 1901-1920" herausgegeben von Gesine Asmus, Rowohlt Taschenbuch Verlag, Rheinbek bei Hamburg, 1982

4) **Peter Gutschner (Hg.):** „Ja, was wissen denn die Großen – Arbeiterkindheit in Stadt und Land", Böhlau, Wien, 1998, S. 281

5) **Maria Gremel:** „Mit neun Jahren im Dienst – Mein Leben im Stübl und am Bauernhof 1900–1930", Verlag Böhlau, Wien, 1983, S. 120–121

6) **Jürgen Todenhöfer:** „Teile dein Glück und Du veränderst die Welt – Fundstücke einer abenteuerlichen Reise", Goldmann Verlag, München, 2012, S. 78

7) **Statistisches Bundesamt**

8) **Bundesanstalt für Arbeitsschutz und Arbeitsmedizin (Hg.):** „Arbeitswelt im Wandel, Zahlen – Daten – Fakten", BAuA, Dortmund, 2016, S. 22–27

9) **Bundesanstalt für Arbeitsschutz und Arbeitsmedizin (Hg.):** „Arbeitswelt im Wandel, Zahlen – Daten – Fakten", BAuA, Dortmund, 2016, S. 29/49

10) **Peter Klammer:** „Auf fremden Höfen – Anstiftkinder, Dienstboten und Einleger im Gebirge", Verlag Böhlau, Wien, 2007, S.32/110/167/170

11) **Peter Gutschner:** „Ja, was wissen denn die Großen – Arbeiterkindheit In Stadt und Land", Böhlau, Wien, 1998, S. 129/130

12) **Dora Prinz & Sabine Eichhorst:** „Ein Tagwerk Leben – Erinnerungen einer Magd", Knaur Verlag, München, 2011, S. 222–224

13) **Dora Prinz & Sabine Eichhorst:** „Ein Tagwerk Leben – Erinnerungen einer Magd", Knaur Verlag, München, 2011, S. 268, 280–281

14) **Maria Gremel:** „Mit neun Jahren im Dienst – Mein Leben im Stübl und am Bauernhof 1900–1930", Verlag Böhlau, Wien, 1983, S. 156–157

15) **Traude und Wolfgang Fath (zusammengestellt):** „Kindheit in alter Zeit", Böhlau Verlag, Wien, 2006, S. 139/140

16) **Bundesanstalt für Arbeitsschutz und Arbeitsmedizin (Hg.):** „Arbeitswelt im Wandel, Zahlen – Daten – Fakten", BAuA, Dortmund, 2016, S. 13

17) **https://de.wikipedia.org/wiki/Frauenarbeit** (eingesehen am 27.05.2018)

18) **http://zdfcheck.zdf.de** (eingesehen am 14.02.2017)

19) **http://zdfcheck.zdf.de** (eingesehen am 14.02.2017)

20) **www.spiegel.de/wirtschaft/Unternehmen.de** (eingesehen am 14.02.2017)

21) **Bundesanstalt für Arbeitsschutz und Arbeitsmedizin (Hg.):** „Arbeitswelt im Wandel, Zahlen – Daten – Fakten", BAuA, Dortmund, 2016, S. 28

22) **Roswitha Gruber**: „Wunderbare Kindertage – Großmütter erzählen", Rosenheimer Verlagshaus, Rosenheim, 2012, S. 137)

23) **Roswitha Gruber**: „Vom Zauber der Kindheit – Großmütter erzählen", Rosenheimer Verlagshaus, Rosenheim, S. 147

24) **Inge Friedl**: "Familienleben in alter Zeit", Weltbild Verlag, Salzburg, 2007, S. 121–123

25) **Peter Gutschner**: „Ja, was wissen denn die Großen – Arbeiterkindheit in Stadt und Land", Böhlau, Wien, 1998, S. 305/306

26) **Roswitha Gruber**: „Großmütter erzählen", Rosenheimer Verlagshaus, Rosenheim, 2014, S. 132–136

27) **Roswitha Gruber**: „Vom Zauber der Kindheit – Großmütter erzählen", Rosenheimer Verlagshaus, Rosenheim, S. 37/38

28) **Roswitha Gruber**: „Vom Zauber der Kindheit – Großmütter erzählen", Rosenheimer Verlagshaus, Rosenheim, S. 37/38

Die Autorin

Susann Winkler ist Diplom-Heilpädagogin mit verschiedenen Zusatzqualifikationen in den Bereichen Biografiearbeit, Beratung- und Gesprächsführung, Stressmanagement und Gerontologie.

Während langjähriger Auslandsaufenthalte in Großbritannien, Kroatien und Österreich war sie in verschiedenen sozialtherapeutischen Einrichtungen tätig. Seit 2007 lebt sie im Berchtesgadener Land und arbeitet als freie Autorin sowie als Bereichsleiterin für Soziale Betreuung in einem Senioren- und Pflegeheim.